阅读成就梦想……

Read to Achieve

为什么天堂不需要经济学家

［澳大利亚］杰西卡·欧文（Jessica Irvine） 著

王佳艺 译

Zombies,
Bananas And
Why There Are
No Economists
In Heaven

The Economics of Real Life

中国人民大学出版社
·北京·

为什么天堂不需要经济学家

我们需要决定的仅仅是如何用好上天赐予我们的时间。

甘道夫，出自《指环王 1：魔戒现身》（2001）

人必有一死，或许不是今天，但愿不是明天，不过这一天早晚会来，而且来得比你想象的要快。很抱歉，我不得不用如此耸人听闻的话开场。之所以这么做，是为了让诸位打起精神，因为有关经济学的书籍很容易让人打瞌睡。我知道，你在内心深处把经济学当作一回事，不然也不会买这本书。经济学的确容易给人留下无聊的印象，它研究的是人们的日常生活和人与人之间的互动。能把这么一门看似平常的学科搞得像数学考试一样令人兴奋，这样的经济学家的确不是一般人。

也许这么说对许多经济学家不公平，但经济学界最近刮起了一股旨在激发民众兴趣的创作风。为了勾起读者的好奇心，许多经济学相关书籍和网站都使用一种奇特的方式给自己命名，那就是给特定主题加上后缀 -onomics①，如 Freakonomics（怪诞经济学）、Parentonomics（养育经济

---

① -onomics 源于希腊语，意为学科。——译者注

学）、Spousonomics（择偶经济学）、Newsonomics（新闻经济学）、Boganomics（狂欢经济学），甚至还有Beeronomics（啤酒经济学，该学科应该属于狂欢经济学的子学科）。这个营销策略还挺有用的。为什么呢？其实，经济学家所探讨的话题的确能够激发人们的兴趣。因为它从本质上解释了我们是谁，为什么我们要做我们现在做的事情。如果抛开无聊的公式、复杂的图表，以及那些经济学家用来进行专业交流、唬人和自吹自擂的晦涩术语，经济学的核心议题其实只有一个，那就是如何最大化社会的福祉（或幸福）。还有什么话题比这更重要呢？

在过去十年里，我有一大半时间在为《悉尼先驱晨报》撰写有关经济的文章。在我看来，经济记者和驻外记者很相似。你最好能被派到堪培拉（一定要努力争取这份工作啊）。虽然各国使节不会在官邸为你设宴，但你能在政府召开的联邦预算闭门通气会上享用美味馅饼（欲知菜单详情，请翻阅第7章正文的第1节，其标题为"联邦预算闭门通气会的内幕"）。虽然和你打交道的经济学家经常口吐各种听着像外国话的经济学术语，如NAIRU（非加速通胀性失业率）、GDP紧缩指数，但经济记者可雇不起翻译。作为经济记者，我所能做的就是入乡随俗，好好学习经济学家使用的语言和他们圈子的文化风俗，然后将相关新闻翻译成普通读者听得懂的平实语言。如果突然有一天，经济学家开始说人话了，那么我就要失业了。但到目前为止，我还无须为这一天的到来而寝食难安。

还记得我先前提到的话题吗？没错，死亡。对经济学家来说，几乎没什么比稀缺性这个理念更为重要的了。时间是稀缺的，（我已经说过，人必有一死），各种资源也是稀缺的，土地、资本和劳力都不是无限的。说实话，要不是稀缺性的存在，经济学家根本无以为生。

稀缺性这个问题为何如此重要？假如有这样一个世界，在那里，时间、金钱和其他一切都是无限的，想要多少就有多少。你无须工作，因为你不需要钱。想象一下，你可以整日穿着内衣，窝在沙发里看诸如《大胆而美丽》之类的肥皂剧。别担心，时间是无限的，你无须珍惜。你还可以整天在自家后院摘钻石树上的钻石。真是这样的话，日子还需要过得这么费力吗？钻石随处可得，你可以一个猛子扎进钻石堆里。在这个资源无限的世界里，无论是一杯咖啡、一本书，还是一台微波炉或一条船，任何你想要得到的东西，你只需轻轻按一下按钮，它就会立刻出现在你眼前。生活的主要内容就是在无敌海景房里享受美景。有人发明出了时空穿梭机，这意味着随便开启一扇门，你就能前往任何想去的地方，随便打开一扇窗，你就能看见任何想要见到的美景。

你不再渴望得到更多的时间、空间和金钱。你什么都不渴望。你也会永生。当然永生同样意味着你将远离孤独，因为你所爱的人将常伴左右，他们永远不会辞世。无论何时，无论何地，只要是想做的事情你就可以放手去做，丝毫不用顾虑人生苦短。安身立命、养育子女、养家糊口这些让人烦心的事情全都可以抛到九霄云外。我们可以一直这样年轻下去。在我看来，任何一种宗教所设想的完美天国也不过如此。这是一个无尽、富足而自由的世界。

很不幸，我们所生活的世界和无忧无虑的天堂相差甚远。收入微薄，我们要担心，时日无多，我们更要担心。所以，每天，甚至是每分钟，我们都要决策"如何用好上天赐予我们的时间"。（我猜你肯定没有意识到甘道夫是一个经济学家。）正是因为土地、劳动力和资本是稀缺的，它们才有价值。虽然谁都不喜欢"死"这个字眼，但也正是因为死亡，人生才变得如此宝贵。其实，正是稀缺性为我们的生活赋予了价值。

经济学家的职责就是帮助人们决策如何用好宝贵的时间。比如，他们常常提起"机会成本"这一概念。什么是机会成本呢？假如你有两个选择，而且只能选择其中之一，如果你选择了 A，那么 B 所带来的价值就是你所付出的机会成本。如果你决定花一小时写书。那么这一小时将一去不复返，你不能再用它来做其他令人愉快的事，比如和朋友小聚。一小时写作和一小时欢聚，哪个给你带来的价值更大呢？这就是你必须做出的选择。

经济学家还提出了一条能够改变我们生活的建议，那就是忽略"沉没成本"。虽然你花 20 块钱买了一本有关经济学的书，但如果你觉得这本书索然无味，那么完全没有必要硬着头皮继续读下去。实际上，美国经济学家泰勒·科文（Tyler Cowen）指出，对大多数人来说，认真读完的书不是太少，而是太多了。他觉得，很多书其实读一半就行了，完全不必认真读完。我们每分钟都应该认真考虑如何最大化现下和长远的幸福。（由于学习经济学能让你的眼光变得更加长远，让你的决策变得更加英明，所以将时间优先投入于这项活动是值得的。）

生活有其残酷的一面：时间、金钱和各种资源的供给是有限的，而人们的欲求是无限的。经济学家称其为"经济学核心问题"。虽然个人负担得起的美好事物和体验是有限的，但希望把月亮摘下来的人却不在少数。也许你觉得人类能够说服自己减少欲求，安于现状。但如果老板现在给你涨工资，你能捂住钱袋子，不多买几件衣服，不换一套更舒适的房子，不外出和好友多聚几次吗？欲望总是无限的。而等离子电视机、豪宅和私人泳池却总是有限的。

正因为资源是稀缺的，我们才需要从经济视角来解决谁能得到什么这个问题。我们可以指派某人或某一群人，负责将各种资源平分给大家。每人都能得到一套标配财物，其中包括一辆汽车、一套房子、一叠 DVD 碟片、一柜子衣服和一只宠物。正如欲求是无限的，不同个人的欲求也是多种多样的。同样是揣着 1 000 元钱，你想得到一块冲浪板，而我却想得到一辆自行车。假如我会做冲浪板，而你会做自行车，或许欣赏自己的作品的确能让我们得到一定满足，但如果存在这样一种机制，让我们可以交换彼此的劳动成果，双方不就能够获得更多快乐吗？

事实上，大多数经济学家都认为，如果市场内存在大量进行互惠交易的个人，那么这样的市场就是分配资源的最高效方法。一个有效的市场既能最大化消费者的"剩余"，又能最大化生产者的"剩余"。换言之，我购买自行车的价格低于我所愿意和能够为此付出的价格，而这一售价又高于你生产自行车所花费的各项成本。这样的交易能够最大化双方的整体福利，因为我购买自行车的成本低于我自己制造自行车的成本（如果我会做自行车的话），而你又通过出售自行车获得了边际收益。虽然市场有时会变得无序，甚至混乱，但我们之所以能够创造出眼前的这个世界，主要是依靠市场机制，也就是依靠无数个人所做的决策。

当然，一切并没有那么简单。就社会整体而言，市场无法给出最优解。市场之所以会失灵有时是因为市场没有让参与者为自己的行为给他人造成的不便或伤害付出代价，如污染问题。即便是完全有效的市场，其产生的结果也未必能让所有人都觉得"公平"。通过执法和收税，政府能对各种市场失灵进行一定的矫正。市场参与者的目标很明确，那就是最大化自己的利润。而政府能够约束该单一目标的巨大力量，并从市场中抽取一小部分财富，来帮助不幸的社会成员。政府的财政预算其实就是为了决定如何花好这笔钱而制定的。此外，政府还对公共品，也就是市场无法提供的产品，如教育、公路和铁路等进行战略投资。

总而言之，经济学是一门有关人类的学科。它关乎你我，关乎我们所做的决策，关乎如何让我们的生活变得更好。这是一项崇高的研究事业。天堂里不需要经济学家。原因很简单：什么都不缺的天堂不需要他们的技能，他们的本领派不上用场。当然，这并不意味着尘世间的经济学家上不了天堂。以增加民众福祉为己任的他们当然可以在天国找到一席之地。只不过，他们在那里不再需要运用毕生所学，而是可以放下心来，和其他多行善举的好心人一起过着无忧无虑的生活。但在那一天到来之前，经济学家还有许多事情要做。

我之所以把所写的专栏文章攒成一本书是为了让感兴趣的读者了解经济学的概貌。虽然这不是一本教科书,但我大体上按照经济学教科书的框架来编排文章。我们首先会研究一下香蕉的供给和需求,因为香蕉是一种标准的微观经济学食品。随后,我将介绍如何将经济学原理应用于生活的各个领域,如房产、健康,甚至还有恋爱。接着,我们将探讨市场失灵,以及政府如何对市场进行战略性干预以提高市场效率。不过,我们要记住,试图改善市场的个人或政府往往通不过合理性测试,我们将在第 5 章详细阐述相关内容。

最后几章与宏观经济学有关,我们将了解政府如何通过财政政策,央行如何通过货币政策维持经济的稳定发展。在我撰写本书的时候,澳大利亚经济已经连续增长了 20 年,这是史无前例的。所以政府官员一定做了一些正确的决策。不过,澳大利亚的经济发展也将面临挑战,我们将在第 10 章探讨这一话题。我们还将简要分析上一次全球金融危机的原因和后果(详见第 9 章)。虽然风暴已经过去几年了,但全球经济依然备受煎熬。

有关经济的话题毕竟没这么无聊。但我知道你的时间是有限的,所以还是让我们切入正题吧。

没错，我们没有香蕉吃

如果政府无法重振制造业，无法确保工资的适度增长，无法实施有效的经济政策，那么澳大利亚基本上就完蛋了。我们最终会成为三流经济体……成为香蕉共和国。

保罗·基廷（Paul Keating），1986 年 5 月 14 日

20 世纪八九十年代，澳大利亚人担心自己的国家除了生产像香蕉这样的初级农产品之外，就没什么好向世界夸耀的了。他们担心澳大利亚会变成"香蕉共和国"。现如今，人们依然忧心忡忡，不过他们担心的是吃不到便宜的香蕉。

外国人或许很难理解香蕉价格飞涨给澳大利亚人带来的痛苦。2006 年初，热带风暴"拉里"（Cyclone Larry）袭来。盛产香蕉的远北昆士兰（Far North Queensland）地区受灾严重，当地的香蕉园几乎被完全摧毁。整个澳大利亚香蕉产量骤减。更糟糕的是，澳大利亚限制香蕉进口。香蕉价格涨到每公斤 15 澳元。一天不吃"夫人指"（Lady Finger）[①]和"卡文迪许"

[①] 夫人指是一种体型较小的香蕉，其产量约占澳大利亚香蕉产量的 14%；卡文迪许是一种体型较大的香蕉，其产量约占澳大利亚香蕉产量的 85%。——译者注

（Cavendish）就浑身难受的澳大利亚人估计撑不了多久，就要变卖珠宝或借贷买香蕉了。2011 年初，大范围洪水和热带风暴"雅思"（Cyclone Yasi）又一次重创澳大利亚香蕉产业，香蕉价格再次涨上了天。

澳大利亚人不是没过过苦日子，但香蕉饥荒还是在国人心里留下了不可磨灭的印记。它让大家在一夜之间变成了微观经济学家，让我们切身体会了供需法则。如果你去超市逛一逛，或许不难听到顾客如是说："香蕉的短缺让供给曲线左移，市场出清后，香蕉的售价更高，成交量更低。"这段话把供给变化对市场价格和成交量产生的影响说得一清二楚。当然，我自作主张，用经济学术语进行了一些翻译，你可能听到的原话应该是："香蕉要 15 澳元一公斤！开什么玩笑。我以前一次买一把，看来现在只能一次买一根了。"

消费者很快也熟悉了经济学家所说的"需求的价格弹性"。这一概念指特定商品需求量的变化对于价格变化的敏感性。香蕉价格大幅上涨后，有人会说："这么高的价格实在是太离谱了。我还是吃苹果吧。"由此可见，当一种商品很容易被另一种替代时，其需求的价格弹性是很大的。

如果你想研究竞争市场的价格变化，那么观察香蕉市场是一个很好的选择。因为大量买家和卖家在市场中交易一种同质产品（虽然香蕉的个头和弯曲度有所不同）。在这样的市场中，单个卖家很难影响价格，他们只能按照所谓的"边际成本"，也就是额外生产一根香蕉所需的成本来出售一根香蕉。但澳大利亚的香蕉进口限令让这一市场的竞争不那么充分。实际上，不少澳大利亚人怀疑香蕉种植商对香蕉价格施加了不当的影响。

经受过香蕉价格冲击的人们充分认识到自由贸易的好处。他们也意识到，对消费者来说，让市场竞争变得更激烈是有益的。澳大利亚人带着币值坚挺的澳元走遍世界，他们能在伦敦、北爱尔兰和卡塔尔买到每公斤 1 澳元的香蕉，并在回国后将这些故事告诉自己的亲友。自由贸易突然变得十分美好。经济学家早就指出过自由贸易的重要性。

廉价的香蕉能让澳大利亚人开心，但便宜的啤酒更能让他们高兴。2011 年，英国南非米勒酿酒公司（SABMiller）收购了生产维多利亚苦啤（Victoria Bitter）和皇冠窖藏啤酒（Crown Lager）的澳大利亚酿酒公司福斯特集团（Foster's Group）。此事并没有在澳大利亚掀起波澜，这是全球化进程不断深化的又一印证。虽然澳大利亚人时不时地担心"澳大利亚不再制造任何产品"，但大多数澳大利亚消费者是全球化进程的受益者，因为国际贸易让我们买到了各种廉价的进口货。随便走进一个普通人家，你就会发现韩国产的电视机、中国造的沙发和印度人编织的地毯。澳大利亚人的生活标准很高，位居世界前列。在很大程度上，这归功于其他国家为我们提供的廉价商品。贸易自由化是本国消费者的福音，它充分体现了经济学家所说的"贸易利得"。如果每个国家都充分发挥自己的相对优势，制造生产效率相对最高的产品，那么各国民众都能买到更为廉价的产品。

但愿香蕉国际贸易也能早日解禁。

你在本章可能会读到的无聊内容

- 供需法则
- 需求的价格弹性
- 逆向供给冲击的影响
- 自然灾害为何对经济有好处
- 贸易利得
- 一国比较优势的含义
- 贸易自由化如何减少通胀发生的可能性

计算热带风暴雅思造成的损失

75%

热带风暴"雅思"摧毁了澳大利亚75%的香蕉作物。

4 亿澳元

洪水和"雅思"来临前，澳大利亚香蕉种植业年产值是4亿澳元。

5 亿澳元

热带风暴"雅思"摧毁了价值5亿澳元的甘蔗，先前爆发的洪水也摧毁了相同价值的甘蔗。

10 亿澳元

旅游业估计，热带风暴"雅思"对该行业造成的财产和收入损失为10亿澳元。

2.96 澳元

2011年2月第一周的香蕉价格是每公斤2.96澳元。

15 澳元

"雅思"过境后，香蕉的短期预估价格为每公斤15澳元。

　　从丰收到歉收。热带风暴雅思向内陆进发，扫平了澳大利亚3/4的香蕉树。在此之前，果农愁的反倒是如何把丰收的香蕉卖出去。2010年圣诞前夕，香蕉批发商纷纷在澳大利亚香蕉种植者协会（Australian Banana Growers' Council）的网站上发帖，抱怨澳大利亚5个香蕉主要零售地区的香蕉数量实在是太多了。有人发帖说，"在阿德莱德（Adelaide），市面上香蕉泛滥。果农只能把最好的香蕉摘下来卖，质量略次的根本卖不掉。"在墨尔本，香蕉的需求"太少了"，但"对数量如此庞大的香蕉来说，需求的多少已经无关紧要了。那可是198 000箱香蕉啊，开什么玩笑"。在悉尼，创纪录的247 143箱香蕉涌入市场。有人发帖问道："果农为何在圣诞前集中向市场投放香蕉？未来数周内，市场上的香蕉都卖不完。建议果农在运送香蕉前，先和自己的代理商打个电话。"

　　新年过后没多久，香蕉种植区洪水泛滥，热带风暴雅思又接踵而至。未受天灾影响的果农这下可有盼头了，因为香蕉很快就供不应求。远北昆士兰地区受灾严重，该地区的香蕉产量占全国产量的85%。实际上，远北昆士兰塔利（Tully）和因尼斯费尔（Innisfail）95%的香蕉作物被摧毁。

再加上澳大利亚限制外国香蕉进口，国内果农不用面对国际
竞争，供给短缺导致香蕉价格飞涨。

　　至于其他热带水果，如芒果、红毛丹果和木瓜，超市可
以通过进口渠道补货。蔗糖市场是全球性的，糖价并没有因
为澳大利亚本地甘蔗的大幅度减产而飙升。这就是竞争的好
处：如果市场里有很多供应商，竞争异常激烈，那么某个供
应商就很难提价，因为消费者很容易从其他商家那里买到
便宜的商品。2008 年全球金融危机爆发后，西太平洋银行
（Westpac Bank）随即上调了贷款利率。他们给出的解释是
融资成本大幅上升。这种说法的确有一定道理，但利率上升
更主要是因为澳大利亚的金融市场缺乏竞争。这意味着少数
几家大银行可以轻松地将高昂的成本转嫁给借款人，因为这
些银行可以联手涨价，而借款人无论去哪里都无法获得廉价
贷款。同理，澳大利亚的香蕉价格也很容易因为供货渠道狭
窄而上升。大家或许能够少吃一些香蕉，但我们不清楚本地
香蕉的价格弹性到底有多大。换言之，澳大利亚人很可能不
会因为香蕉价格上涨而大幅减少香蕉的消费，也就难以压制
其价格升势。

　　如果一种水果涨价，消费者会寻找替代品。但统计局在
测量通胀率的时候并没有考虑这种消费模式的转变。在计算
价格指数时，统计局使用一揽子标准商品和服务。这一标准
每 5 年才根据家庭调查访问结果进行调整。所以，即便香蕉
价格上涨了，统计局依然认为人们会和往常一样消费香蕉。
价格指数也就随之攀升。

　　澳大利亚央行倒不认为近期发生的天灾会恶化通胀形

---

12 澳元

2006 年的大部分时间里，香蕉价格一直在每公斤 12 澳元这一水平徘徊。

0.5%

政府预测，2010—2011 财年的经济增长率会因为一月份的洪水而减少 0.5 个百分点。

0.25%

据估计，2011 年一季度的通胀率会因为洪水而上升 0.25 个百分点。

资料来源：

Australian Banana Growers' Council; abs.gov.au; Canegrowers Australia; Queensland Tourism Industry Coun-cil; Reserve bank of Australia.

势，该机构认为一月份发生的洪水"并不会对中期通胀展望造成显著影响"。虽然 2006 年像"雅思"和"拉里"这样的热带风暴造成了不小的损失，但央行应该不会因为香蕉价格飙升而上调利率。

没错，你为香蕉付出太多

憋屈的香蕉控不得不在自家后院搞起了香蕉黑市。是的，你没看错。20 世纪 20 年代，美国在全国范围内掀起了戒酒运动，结果酒鬼们只能跑去秘密据点畅饮杜松子酒。和前辈一样，澳大利亚的香蕉控被高价逼得走投无路，只能另辟蹊径，寻找新的香蕉来源。

在 2011 年中期发布的一篇名为《不要在家里种香蕉》（*Consumers urged not to plant backyard bananas*）的新闻稿中，澳大利亚香蕉种植者协会警告大家不要随意在自家后院种植香蕉，因为该行为有助于香蕉束顶病毒——一种最可怕香蕉疾病的传播。虽然承认私自种植香蕉并不违法，但香蕉协会拍胸脯说，在私自种植的香蕉成熟前，香蕉价格就会回落。

香蕉游说团体对澳大利亚政界有很大影响，他们代表着成千上万名香蕉种植者的利益。实际上，澳大利亚对香蕉种植业的监管力度和保护力度是全世界最大的。严格的进口限制和检疫法规让本国种植者不必担心外来竞争。在香蕉丰收的年份，这不是什么坏事，因为消费者能够享用全球质量最高，没有任何病虫害的优质香蕉。但是，如果天灾或突发事件在短时间内重创本地香蕉产业，那么消费者可就要倒霉

15 澳元
2011 年 7 月最后一周，悉尼的香蕉价格是 15 澳元 / 公斤。

2.2 澳元
同一时期，罗马比拉（Billa）超市所售哥斯达黎加香蕉的价格是 2.2 澳元（1.69 欧元）/ 公斤。

1.98 澳元
纽约格林威治村的香蕉价格是 1.98 澳元（2.18 美元）/ 公斤。

1.75 澳元
在东京买 3 个香蕉的价格是 1.75 澳元（150 日元）。

1.4 澳元
在新加坡购买五六个一把的香蕉，你需要支付 1.85 新币。

1.2 澳元
曼谷的香蕉价格是 39 泰铢 / 公斤。

了。联邦农业部长，议员卢德维（Joe Ludwig）很快就站出来安抚蕉农，保证政府不会放松检疫法规，不会放松对于进口香蕉的限制。这对蕉农来说是个好消息，但对消费者来说可是个坏消息，因为他们已经为香蕉支付了每公斤15澳元的高价，相当于每根香蕉2.5澳元。经济学家索罗·埃斯雷克（Saul Eslake）建议政府暂时取消香蕉进口限令，以平抑香蕉价格。但蕉农很快就行动起来，狙击了埃斯雷克提出的建议。

虽然相关政府和行业机构希望澳大利亚人不要抱怨，希望他们能够好好品尝黄灿灿、甜蜜蜜、无虫害的国产香蕉，但外国人只要花几个子儿，就能买到菲律宾或哥斯达黎加产的便宜香蕉，然后大快朵颐。出国旅游时，我的线人经常在社交网站上播报当地香蕉价格：罗马2.2澳元/公斤、纽约1.98澳元/公斤、新加坡1.4澳元/公斤、曼谷1.2澳元/公斤、北爱尔兰1.09澳元/公斤、伦敦1.01澳元/公斤、多哈0.99澳元/公斤。这些数据让我明白两件事：（1）我的朋友有更多机会出国休假；（2）我们的香蕉价格太高了。即便是在"雅思"来临前，我们的香蕉就已经卖到了2.99澳元/公斤。

虽然像电力、医疗这些国内提供的服务一直在涨价，但统计数据显示，许多进口产品，如电视机、服装等的价格却在下降。虽然澳大利亚的劳力成本较高，但坚挺的澳元却让进口产品变得十分廉价。

自由贸易让世界各国有机会生产特定产品，这些产品的生产效率在相应的国家相对最高，换言之，其生产成本，其中包括使用相关生产要素的机会成本，相对最低。因此，各

1.09 澳元

在北爱尔兰的德里，当地乐购超市的香蕉售价是73便士/公斤。

1.01 澳元

伦敦塞恩思伯里（Sainsbury）当地超市所售"公平贸易"香蕉的价格是68便士/公斤。

0.99 澳元

卡塔尔多哈（Doha）家乐福超市所售香蕉的价格是4里亚尔/公斤。

资料来源：

Australian Banana Growers' Council; finance. yahoo.com/currency-converter; 以及对于Twitter和Facebook好友的非正式调查。

国消费者能够买到更便宜的产品。在收入水平既定的情况下，民众的生活标准自然就提高了。自20世纪八九十年代以来，各国都致力于削减关税，促进自由贸易。这一发展趋势虽然让澳大利亚的某些行业受到了冲击，但却提高了本国民众的生活质量，而且抑制了通货膨胀。

是不是觉得每公斤15澳元的香蕉太贵了呢？你早该这么想了。

新西兰：震后重建

7.1 级

2010 年 9 月初，新西兰基督城发生了里氏 7.1 级地震。

20 亿新西兰元

此次地震可能造成 20 亿新西兰元的损失。

13%

新西兰坎特伯雷（Canterbury）地区的人口约占新西兰总人口的 13%。

15%

坎特伯雷地区的经济总量约占新西兰全国经济总量的 15%。

0.2%

摩根大通的经济学家将新西兰灾后的经济增长率上调了 0.2%。

75 000 美元

美国经济学家发现，如果年薪超过 75 000 美元，那么收入的增加不会让你对日常生活变得更满意。但是，收入的增加的确会提高人们的整体生活满意度。

　　塔斯曼（Tesman）当地居民的神经是铁打的。2010 年 9 月初，新西兰基督城（Christchurch）发生了地震。大地刚刚停止晃动，一堆新西兰人就站出来盛赞震后重建对经济的积极影响。新西兰总理约翰·基（John Key）承认，地震让一些企业暂时停业，这的确会对经济产生短期不利影响，但是"重建会刺激经济，其益处能够弥补，甚至超越地震造成的损失"。灾后重建可谓是刺激经济发展的焦土战略。

　　经济学家早就发现，天灾（甚至是人祸，如战争）和经济增长在一定程度上正相关。二战后的重建让整个欧洲经历了一波经济增长。按照这个逻辑，解决当下全球经济危机的最简单方法或许就是让美国和欧洲打一仗。不过，双方不能动用核武器，而是只摧毁几座城市。然后，世界经济就会因为重建而走出低谷！

　　同理，经济学家还喜欢讨论衰退的修复作用。在他们看来，衰退就像是涨潮之前的退潮，我们将清楚地看到谁在裸泳。低效运营的企业将被摧毁，由此而释放出的劳动力和其他资源将被投入更有前景、效益更好的事业。

　　自上一次"技术性经济衰退"，也就是经济连续下滑 6

个月以来，澳大利亚经济已经连续增长了 20 多年。失业率最近又下降了，这说明新一轮的薪资上涨很快就会来临。

2010 年末的澳大利亚经济虽然躲过了全球经济危机的大火，但地上的落叶越堆越高，一点点通胀火星就能燃起熊熊烈火。

65%

2010 年末，65% 的美国人预测经济将二次探底。

44%

其中，有 44% 的人认为，第二次衰退会比第一次更严重。

71%

71% 的美国人认为，自己不得不接受美国已经破产的事实。

资料来源：

abs.gov.au; blogs.wsj.com/wealth; J.P. Morgan Economic Research team; nzherald.co.nz; StrategyOne 'Economic Outlook' online survey in the US, August 2010.

鞋跟高度和香蕉 vs 道琼斯指数

你可能听到过裙摆指数，其背后理论认为，女性裙摆的高度和股价同向变化。所以 20 世纪 60 年代牛市期间，女性喜欢穿迷你裙。你还可能听到过口红指数，该指数提出者认为，经济不景气时，口红的销量会上升，因为女性只能购买一些小奢侈品来满足自己。但你听说过鞋跟高度指数吗?

IBM 于 2011 年 11 月发布了一份有关鞋跟高度变化趋势的报告。通过分析社交网络上的帖子，经济学家发现，女性的鞋跟高度将变短。他们认为，这一变化趋势预示着经济形势将转好。这些经济学家之所以得出这样的结论是因为他们观察到，经济衰退时，女性的鞋跟高度会增加，因为女性通过穿高跟鞋来逃避乏味的现实生活。是的，你没看错，引发此次全球金融危机的罪魁祸首不是胡乱放贷的美国银行，而是嘎嘎。我从来没把这套理论当回事。

美国经济学家裘迪·贝格斯（Jodi Beggs）在其博客 economistsdoitwithmodels.com 发表博文指出，女性染发开销是一个反经济周期指标。和多买口红一样，女性在经济萧条时会多花钱染发，这或许是为了让自己感觉好些，或许是为了便于寻找工作。因此，经济学家将染发称为"劣等商品"，其需求会随着收入水平的提高而减少。不过，贝格斯指出

1929 年

1929 年是大萧条开始的年份，也是纽约帝国大厦开始建造的年份。

88 层

吉隆坡双子塔有 88 层，于 1997 亚洲金融危机爆发后才完工。

40 年

两位经济学家研究了《花花公子》40 年来的年度女郎，他们发现年度女郎的体貌特征和经济景气程度存在一定联系。

8.06 美元

2011 年 7 月，瑞士麦当劳餐厅巨无霸汉堡的售价是 8.06 美元。

1.89 美元

2011 年 7 月，印度麦当劳餐厅巨无霸汉堡的售价是 1.89 美元。

4.94 美元

2011 年 7 月，澳大利亚麦当劳餐厅巨无霸的售价是 4.94 美元。

（大多数女性也会同意），去理发店染发其实很费钱，所以在家染发的次数或许是一个更好的指标。

不过，离谱的经济指标还不止这些。2004 年，经济学家特里·佩蒂约翰（Terry Pettyjohn）和布莱恩·容伯格（Brian Jungeberg）宣布，经过多年严格深入的调查，他们发现，《花花公子》年度女郎的体貌特征和经济周期显著相关。他们对 1960—2000 年的花花公子年度女郎进行了仔细研究，并发表了论文，名为《花花公子女郎曲线：不同社会经济条件下，年度女郎的体貌偏好变化》（*Playboy Playmate Curves: Changes in Facial and Body Feature Preferences Across Social and Economic Conditions*）。两位经济学家发现，经济不景气时，人们喜欢年龄较大，体型较丰满，个子较高的女郎，她们腰比较粗，眼睛比较小，腰臀比例大，胸腰比例小，体格指数较低，但在经济繁荣时期，大胸细腰、体态婀娜的妹子更招人喜欢。

看了这么些奇奇怪怪的经济指标，你可能会觉得，经济学家是一批在高中约不到女生，从此便厌恶女性的怪胎。你别着急，其实迎合女性口味的指标也有。美联储主席艾伦·格林斯潘曾在 20 世纪 70 年代观察到，经济衰退时，男性内衣的销量会急剧下降。看来经济拮据时，男人不愿意用为数不多的私房钱买新内衣。经济向好时，男性领带的鲜亮程度又成为了经济指标，领带颜色越亮，经济恢复得就越好。

当然，经济学家也不只是在男人和女人的身上找指标，他们有时也将眼光投向高处，并找到了"摩天楼指

12%

2011 年 7 月，《经济学人》杂志巨无霸指数显示，澳元被高估了 12%。

1.99 澳元

2011 年 11 月末，哈里斯农场在电视广告中建议的香蕉价格是 1.99 澳元 / 公斤。

0.99 澳元

2011 年 11 月末，有报道称，在太平洋高速公路中北海岸路段，路边摊所售卖香蕉的价格是 0.99 澳元 / 公斤。

资料来源：

Terry Pettijohn and Brian Jungeberg, "Playboy Playmate curves: Changes in facial and body feature preferences across social and economic conditions", Personality and Social Psychology Bulletin, vol. 30, no. 9, 2004, pp. 1186-97; @Polytics on Twitter; economistsdoitwithmodels. com; economist.com.

标"。1999年，在香港开展研究的经济学家安德鲁·劳伦斯
（Andrew Lawrence）撰文指出，试图打破摩天楼高度纪录的
尝试越多，经济就越危险。美国克莱斯勒大厦和帝国大厦都
是在1929年大股灾来临之前开建的。马来西亚的双子塔则
是在1997年亚洲金融危机爆发后才完工的。

不过，澳大利亚人只关注一个经济指标，那就是香蕉价
格。2011年11月末，关于香蕉价格降至1.99澳元/公斤的
报道终于出现了。更让人欣慰的是，无数家庭餐桌上的果盆
又散发出香蕉烂熟的刺鼻臭味。

幸福的日子又回来了。

家酿已不再是澳大利亚的传统

　　20 世纪 80 年代中期，福斯特集团在英国播放自家啤酒的广告。拥有古铜色肌肤的著名演员保罗·霍根（Paul Hogan）在镜头前夸赞该公司的啤酒尝起来就像"天使的眼泪"。但澳大利亚本国公民对啤酒的渴求却逐年下降。1979 年，澳大利亚啤酒的人均消费量是 469 罐。30 年后，这一数字下降到 285 罐。不过，澳大利亚人现在每年要喝掉 10 瓶红酒，外加半升烈酒。

　　不过，啤酒依然是澳大利亚人最钟爱的酒精饮料。而且这种琥珀色的美酒有理由让我们感到一丝悲伤。2011 年 9 月，福斯特集团董事会接受了英国南非米勒酿酒公司提出的 123 亿澳元收购协议。许多澳大利亚人不禁感慨，又一个澳洲象征消亡了。在该公司的维多利亚苦啤和卡尔顿啤酒之前，外国人收购的澳大利亚著名本土品牌已经很多了，其中就包括雅乐斯（Arnott's）饼干和飞机果冻（Aeroplane Jelly）。福斯特集团控制着澳大利亚啤酒市场 48% 的份额。这一收购意味着澳大利亚两大啤酒公司已经全部落入外国人的口袋。另一个本土啤酒巨头是狮王啤酒公司（Lion Nathan），旗下拥有图希（Toohey）、XXXX 和哈恩（Hahn）品牌，控制着澳大利亚 43% 的啤酒市场份额。2009 年，该公司被日本麒

107 升

2009 年，15 岁以上澳大利亚人每人平均消费 107 升，也就是 285 罐啤酒，这一数字创造了二战以来的啤酒销量新低。

176 升

1979 年，15 岁以上澳大利亚人每人平均消费 176 升，也就是 469 罐啤酒，这是澳大利亚啤酒销量的最大值。

29 升

2009 年，15 岁以上澳大利亚人每人平均消费 29 升，也就是 39 瓶红酒，创造了澳大利亚红酒销量的最大值。

22 升

1979 年，15 岁以上澳大利亚人每人平均消费 22 升，也就是 29 瓶红酒。

2.04 升

2009 年，15 岁以上澳大利亚人每人平均消费 2.04 升烈酒，其中 1.3 升是纯烈酒，0.7 升是预调酒。

麟麦酒酿造会社收购。

有人担心澳大利亚不再制造看得见、摸得着的实物产品。虽然英国南非米勒酿酒公司在收购福斯特集团时没有宣布打算让墨尔本阿博茨福德（Abbotsford）酿酒厂的工人下岗，但一家外国企业如果为了节省成本而将生产线转移到海外，它不会像本土企业那样感到惴惴不安。

那么，我们是否应该为此感到悲伤和焦虑呢？

经济学家认为没有这个必要，他们一向推崇"贸易利得"。相关理论认为，如果各国都只生产拥有相对成本优势（也就是经济学里所说的比较优势）的产品，那么整个世界将变得更加富有。一些国家，如亚洲国家的用工成本较低。为了充分发挥这一比较优势，他们应该发展劳动密集型产业，如纺织业和低端制造业。澳大利亚的劳动力成本较高，应该发展高附加值服务业，如金融服务。此外，我们还应该利用土地资源和矿产资源丰富的优势，大力发展农牧业和采矿业。

如果一个国家出口大量高回报产品，并进口价格相对低廉（低于本国生产成本）的产品，那么该国国民就能用相同数量的钱买到更多的产品和服务。在收入水平不变的情况下，国民的生活水平就提高了。在过去几十年里，澳大利亚人享受了大量廉价进口纺织品和电器，我们的生活质量也因此而提高。

过去，如果有外国公司要收购澳大利亚本地知名品牌，不少人会走上街头，表示抗议。但在今天，相关新闻只是

1.44 升

1979 年，15 岁以上澳大利亚人每人平均消费 1.44 升烈酒。

48%

福斯特集团旗下啤酒品牌，其中包括维多利亚苦啤、卡尔顿和皇冠窖藏啤酒占据澳大利亚啤酒市场 48% 的份额。

43%

狮王啤酒公司旗下品牌，其中包括图希、XXXX、哈恩和詹姆斯·伯格（James Boag），占据澳大利亚啤酒市场 43% 的份额。该公司被日本麒麟收购。

4%

上述两大啤酒巨头被外国企业收购后，本土最大的库珀啤酒（Coopers）只占 4% 的市场份额。

资料来源:

Australian Bureau of Statistics, Apparent Consumption of Alcohol: Extended Time Series, 1944-45 to 2008-09; fosters.co.uk.

默默出现在报纸的商业版面，并不能引发人们的激烈情绪。不少人或许从一开始就以为一些澳大利亚传统名牌，如霍顿汽车（Holden）和维吉麦（Vegemite）是外来的，事实上霍顿品牌是被通用汽车收购，维吉麦则是被美国卡夫食品有限公司收购的。①

澳大利亚人依然会穿着中国产的 T 恤，喝着维多利亚苦啤，围坐在韩国产的电视机前，抱怨着不断上升的生活成本。大家没有意识到，要不是国际贸易，我们的开销会更大。

毕竟，澳大利亚人就是那么爱发牢骚。

---

① 维吉麦是一种深棕色的澳洲食物酱，由酿酒业的副产品酵母提取物经加工而得。——译者注

我们有必要那么在意放弃制造业吗

你会不会偶尔担心澳大利亚的制造业彻底衰败呢？让我来开导开导你。陆克文就有过这样的担心。2006 年，作为反对党领袖的他第一次召开记者招待会，陆克文强调说，如果有朝一日成为总理，他会希望这个国家"拥有真实的生产制造能力"。现如今，坚挺的澳元让本国制造业更举步维艰，同时又让廉价的进口商品变得更诱人。

26%

1966 年，制造业工人占就业人口的比例是 26%。

8%

2011 年 8 月，制造业工人占就业人口的比例只有 8%。

毫无疑问，只有很少一部分澳大利亚人生产制造实物产品。据统计，现今澳大利亚仅有 8% 的劳动力在制造性行业工作。而在 1966 年，这一比例为 26%。与此同时，服务性行业从业人员在劳动者中的占比则从 54% 上升到 77%。统计局将农业、林业、矿业、制造业、电力、天然气采掘和建筑业统称为"生产性行业"。而"生产性行业"从业人员在劳动者中的占比从 46% 下滑到 23%。我们将大部分生产性工作外包给了劳动力成本更低的国家。这难道是坏事吗？

46%

1966 年，"生产性行业"，其中包括农业、林业、矿业和制造业从业人员占就业人口的比例为 46%。

23%

2011 年，生产性行业员工占就业人口的比例为 23%。

54%

1966 年，服务业从业人员占就业人口的比例是 54%。

77%

2011 年，服务业从业人员占就业人口的比例是 77%。

世界经济全球化的不断深入不但让澳大利亚消费者买到更便宜的产品，而且也丰富了他们的购买选项，大家既能买到日本车，又能买到比利时巧克力。但贸易和专业化生产带来的好处往往为大家所忽视。虽然数以百万计的消费者尝到了自由贸易的甜头，但与直接受到强烈冲击的一小部分行业及其从业人员相比，他们不太会站出来表达自己的诉求。当然，眼瞅着饭碗不保的行业和工人完全有理由动用一切力量游说以保住自己的饭碗，而且他们在工会和议会中有很大的影响力。

我们之所以不再生产制造大量产品，或许是因为我们不再消费那么多产品。2011 年 10 月的家庭采购支出增长率是几十年来最低的。但国民经济核算数据显示，澳大利亚人每年的娱乐和文化消费支出增长了 7%，餐饮支出则上涨了 6%。我们用更多的钱来购买让人愉悦的体验，而非实物产品。为什么会这样呢？这部分是因为我们的经济发展获得了成功。经济学家将娱乐消费和家政服务消费称为"正常商品"，随着国民收入水平的提高，"正常商品"的消费也会增加。海外旅游就是正常商品，而公交运输则是劣等商品，因为人一旦富起来了就不太愿意挤公交了。

此外，更多女性走出家门，奔向职场。起初，这一变化趋势刺激了冰箱、洗衣机等家电的消费，因为这些电器能够节省主妇的劳动。但家政服务需求同样增加了，因为打扫屋子和照看孩子的工作总要有人做的。现如今，77% 的澳大利亚就业人群在服务性行业工作，1966 年，这一比例只有 54%。此类工作很难转移到海外。

澳大利亚统计局于 20 世纪 60 年代开始调查家庭的就业状况，那时候，所从事工作一栏填写最多的是"商人、产业工人和劳工"。现在，这一栏填写最多的是"专业人士"。和以往不同，澳大利亚人现在主要靠头脑，而不是靠身体吃饭。有人担心本国国民未来的就业前景，其实我们不必花很

12%

2011 年，澳大利亚就业人口中有 12% 在医疗和社会援助行业工作。在各行业中，相关行业的就业人数最多。

2%

2011 年，矿业员工占就业人口的比例是 2%，农民占比则为 3%。

77%

在过去 10 年里，儿童保育从业人员人数增长了 77%。

资料来源：

Australian Bureau of Statistics, Australian Labour Market Statistics, October 2011; Reserve Bank speech by Philip Lowe, "Changing patterns in household saving and spending", 22 September 2011.

多心思保护夕阳产业，而是应该多花力气督促政府增加教育
投入。在经济合作与发展组织成员国中，澳大利亚教育经费
的 GDP 占比排名很靠后。

一些有关房产的真相①

他们不明白……这不只是房子，这是家。

达瑞尔·克里根（Darryl Kerrigan），摘自电影《城堡》

（*The Castle*, 1997）

家是城堡，而澳大利亚人的家是有售价的。我们或许是香蕉价格专家，但我们何时才能成为房价专家呢？在过去20 年里，住房价格上涨了近 4 倍。20 世纪 80 年代初，首都城市圈的典型房价只是家庭平均可支配收入的两倍。现如今，前者已经是后者的 5 倍，这使澳大利亚成为全球房价最贵的国家之一。许多婴儿潮时代出生的人因为房价上涨而发了财，但他们发现，自己的孩子却因为买不起房而无法单飞。

年轻人之所以买不起房有一系列原因。20 世纪 90 年代，随着通胀率的显著下降，房贷利率也下降了一半。与此同时，政府对于金融业的监管不断放松，银行更愿意放贷。这两个因素刺激了住房需求，买房者能够借到更多的钱，房价也似脱缰野马，一路飞奔。但联邦和地方政府放地的速度并没有跟上，特别是中心老城区的改造速度很慢，土地供给

---

① hometruth 亦指令人不快的真相，此处一语双关。——译者注

比较吃紧。而且各级政府盯上了新开发项目，努力让地产商上缴更多税费，这无疑推高了新房的建房成本。

目前房价的上涨趋势似乎要告一段落了。购房者已经债台高筑，银行要是再放贷的话，就只能向资信不佳者发放次级贷款了。高房价也迫使人们改变原有的生活方式，孩子们窝在父母家的时间更长。至于未来，最好的状况是住房供给最终能够跟上需求的增长，这样房价上涨压力就会减轻。

虽然经济学家对房产很感兴趣，但他们对屋檐下发生的事却聊得很少。他们往往只关注市场上的交易行为。如果一个家庭雇用清洁工打扫房间，清洁工的收入将被记入国民收入，家庭的支出也将被记入国民消费支出，传统的经济指标会记录这笔交易。但是，如果家庭成员自己打扫房间，由于这些工作是免费的，不是在市场上发生的，因此它们不会被纳入经济统计范围。

一直以来，像照看孩子和做家务这些工作主要由家庭主妇默默承担，她们虽然没有得到报酬，但同样支撑着澳大利亚的经济。近年来，越来越多的女性踏入职场。经济学家对家庭中的劳动分工越来越感兴趣。他们着手调查夫妻的时间使用状况和开支情况。这些调查让我们更深入地了解了澳大利亚家庭的日常生活。我们发现，社会传统对于夫妻在家庭中的劳动分工有很大影响。这一点同样适用于职场。

男性和女性的收入差异是另一大热议话题。据统计，全职女性的收入只有全职男性的83%。这一收入差异的存在主要是因为男性和女性从事不同工作，女性的工作时间较短，职位较低，所属行业的档次也较低。此外，女性还会遭到性别歧视，而且需要花更多时间养育子女，这些也是导致女性收入较少的原因。

　　家庭经济学不应该只关注针线活和用餐礼仪，而是应该更多地关注家庭经济问题。

你在本章可能会读到的无聊内容

- 影响住房需求价格弹性的因素
- 人们如何分配稀缺的时间资源
- 澳大利亚人如何分配稀缺的财务资源
- 人口统计数据如何影响政府决策
- 全职、成年、正常工作收入的含义
- 导致收入性别差异的因素有哪些

让人愤怒的房价

214 平米

澳大利亚新房,包括公寓的户均面积是 214 平米。

40%

1985 年,澳大利亚新房户均面积只有 150 平米,30 年来,新房户均面积增加了 40%。

244 平米

澳大利亚新建独栋房屋户均面积为 244 平米,为世界之最。新建公寓户均面积为 134 平米。

270 平米

新南威尔士新建独栋房屋户均面积为 270 平米,为澳大利亚之最。

195 平米

美国新房户均面积为 195 平米。

222 亿澳元

据估计,在 2011—2012 财年,澳大利亚人将花费 222 亿澳元进行房屋装修。

澳大利亚人对房地产的态度正在发生转变。进入 21 世纪以来,房产市场的主旋律是"不劳而获",希望迅速致富而借大量贷款购买首套房的人却因此坠入了"恐怖海峡"。[①] 能够拿到房贷的人实在是太多了,市场的风向很快就会转变。我从来就不把电视真人秀当回事,但现在有关房屋装修的电视节目实在太多了。黄金时段充斥着此类节目,公寓楼(The Block)、《装修者》(*The Renovators*)和《顶尖设计》(*Top Design*)只是其中几档比较著名的节目。

十年前,房产真人秀节目的情节一般是这样发展的:制作方聘请设计师为待售房产进行价值 30 000 澳元的装修,然后以 100 000 澳元溢价将其出售,镜头会准确捕捉到房主笑得合不拢嘴的画面。这是当时盛行的快速致富方法。近年来,这招变得越来越不灵。在 2011 季《公寓楼》近期播放的节目里,4 套公寓有 3 套在节目的拍卖环节流拍,只有获胜参赛选手波莉(Polly)和沃兹(Waz)以 855 000 澳元卖出了公寓。虽然流拍的 3 套公寓中有两套在节目结束一周后分别以 1 000 000 澳元和 922 000 澳元出售,另一套后

---

① "恐怖海峡"(Dire Straits)乐队曾经唱过一首名为"不劳而获"(Money for Nothing)的歌。——译者注

来以 860 000 澳元出售，但这 4 套公寓的售价总共不过是
3 600 000 澳元，和 9 频道节目组购买这些公寓所支付的房
款刚好持平。此外，节目组花了七八十万澳元将公寓改建为
两层，参赛选手每组花费 100 000 澳元对公寓进行装修。如
果把上述成本也计算在内，公寓售价必须达到 4 800 000 澳
元才能实现盈亏平衡。

澳大利亚的房地产热潮已经在降温，这让通过装修老房
子迅速致富成为了历史。大家开始反省自己到底想从房产中
得到什么。在过去 30 年里，新房的平均面积增加了 40%。
与此同时，每户的平均居住人口却在减少。许多家庭只有一
个人，一方面澳大利亚人结婚越来越晚，离婚率不断升高，
另一方面，本国女性越来越不愿生孩子。

但是，联邦证券（CommSec）首席经济学家克莱格·詹
姆斯（Craig James）认为，个别住户守着空荡荡大宅子的日
子很快就要结束了。澳大利亚新房户均面积依然名列世界前
茅，但这一趋势已经发展到了巅峰，这反映出本国消费者的
"新保守主义"倾向。此外，户均居住人口增多的苗头也已
经出现。

高房价是有限供给和旺盛需求共同作用的结果。虽然
政府在增加土地供给方面一直不得力，但需求却很有弹性。
现在大学生在毕业前不会买房和租房，这样可以省下不少
钱，此外，他们对房产的态度也有所不同。詹姆斯说："与
前几代人相比，Y 一代不那么看重拥有属于自己的房产，他
们更注重丰富生活经历。"与此同时，步入老年的婴儿潮一

2.4 人
澳大利亚户均居住人口为
2.4 人，1911 年，该数据
为 4.5 人。

3 600 000 澳元
2011 季《公寓楼》节目
所装修的 4 套公寓总售价
为 3 600 000 澳元（4 套
公寓售价分别为 855 000
澳元、1 000 000 澳元、
922 000 澳元、860 000
澳元）。

3 600 000 澳元
《公寓楼》节目组购置墨
尔本 4 套公寓所花费的成
本为 3 600 000 澳元。

资料来源：

abs.gov.au; CommSec
research note, 'Australian
Homes are Biggest in the
World', 22 August 2011;
realestatesource.com.au.

代则越来越喜欢用大房子置换交通便利，居住环境优雅的小户型房产。

所以，想要装修老房子，并将其出手的房主得快点行动了，过了这村，可就没这店了。

债台高筑的首套房购买者

有人觉得，只有买了房才算有了家。个人觉得这种想法有些不靠谱。难道租房住的人就没有家吗？首套房购买者往往会听到如下贺词："你终于有自己的家了，太棒了！"我住过的房子和公寓有许多，大多数都是租住的，其中一些是我父母帮我租的，无论哪套房子，我居住的地方就是我的家。此外，难道买了房的人真正拥有属于自己的家吗？恕我直言，许多首套房购买者只不过是这样一些年轻人，他们的确拥有一笔价值不菲的资产，但也背负着数额同样巨大的债务。

不仅是首套房购买者，其实有房者这个更大的群体拥有相同的问题。媒体常说，澳大利亚的房屋自有率是70%，也就是说，8 400 000澳大利亚家庭中有2/3拥有自己的房产，剩下的1/3家庭则租房住。但在有房者中，只有一半人不背负任何房贷，而且这一比例还在不断下降。20世纪90年代中期，44%的有房者不背房贷。统计局公布的数据显示，这一比例现在已经下降到33%。

贷款买房者人数增多是众多因素共同作用的结果。银行放松银根，房贷利率下降，房价不断上涨，这些因素促使购房者申请数额更高、还款期更长的房贷。一些购房者其实有

70%

70%的澳大利亚人，包括贷款购房者拥有自己的房产，自九十年代中期以来，这一比例就一直比较稳定。

33%

2009~10年度，33%的有房家庭不背负任何房贷，1994~95年间，这一比例为44%。

90 000 笔

2011年年初至9月，首套房购买者向银行申请了90 000笔房贷。自相关数据开始收集以来，本年度的贷款率是历史第二低。

79%

79%的家庭拥有一间或更多备用卧室。

60%

在60%的首套房购买家庭中，夫妻双方都有收入来源。

73%

73%的首套房购买者拥有高等学历。

18%

贷款买房家庭的住房成本，其中包括房贷月供和水电煤等费用，占税前收入的18%。

24%

贷款购买首套房的家庭，其住房成本为税前收入的24%。

26%

贷款购买首套房的家庭有26%住在中高密度房产中，所有家庭的这一比例均值为21%。

资料来源：

Australian Bureau of Statistics, Housing Occupancy and Costs, 2009–10; Reserve Bank of Australia, Statement on Monetary Policy, November 2011.

能力支付更多的房款，但却依然问银行借很多钱，这是因为他们可以用余下的钱出国旅游，或购买露营房车。这等于以购房之名，向银行申请消费信贷。

　　房地产商总是在忽悠大家买房：房价要是涨了，你不买可就买不着了；房价要是跌了，那正好是抄底捡便宜的好时机。澳大利亚房屋价值指数显示，到2011年9月为止，本年度首都独栋房产的价格只跌了3%。房价依然在高位徘徊。对年轻人来说，购买属于自己的房产依然是一个艰巨的任务。一般来说，收入在平均水平之上的年轻人才会出手买房。在5个首套房购买家庭中，3个家庭夫妻双方都有工作收入。这一人群中的大多数拥有高等学历，其比例达到73%，而澳大利亚人口受高等教育的平均比例是68%。首套房购买家庭的平均税前收入比全国平均水平高出19个百分点。其中只有18%的家庭被统计局归为"低收入"家庭。

　　就这样，低收入者和房产无缘。这一残酷现实可能会让你意识到，我们的住房制度有多落后。作为一个群体，首套房购买者比同龄人接受了更好的教育，能够获得更高的收入。他们在购房时还能获得一系列减税和补贴优惠，被落下的低收入者将望尘莫及。

　　你觉得这公平吗？

澳大利亚人的全家福

在拍全家福的时候，总有个顽皮的长辈在别人脑后摆 V 字手势装兔耳朵，也总有一些叛逆的小孩就是不看镜头。相似的，上一次，也就是 2006 年给全体澳大利亚人拍全家福（进行人口普查）的时候，我们发现了 58 053 个绝地武士。至少有一个被访者声称自己的宗教信仰是 "摩洛哥鸡肉"。澳大利亚人说 400 多种语言（包括方言），有 133 个人声称自己说的是 "自创语言"。在 2001 年进行的人口普查中，有 12 个人声称自己从事 "钓乌贼" 职业。这倒不算太离谱，因为他们很可能是乌贼养殖户。但 2006 年的人口普查数据显示，全国有 670 个停车巡查员，这不可能是真的，因为没人会承认自己干这份工作。

2011 年的全国人口普查是澳大利亚漫长多彩历史上的最近一次人口普查。始于 1911 年的澳大利亚全国人口普查已经有百年历史。不过，自从第一舰队（First Fleet）于 1787 年登陆澳洲，建立殖民地以来，针对澳洲人的人口调查就一直定期进行。那时候的调查目的主要是采集人口数量信息，以便政府调运粮食，保证不断增长的人口吃得饱肚子。如今，联邦政府使用调查数据向地方政府分派 450 多亿澳元的商品和服务税（类似于增值税）。地方政府则根据调查结

---

1 400 吨

2011 年人口普查所有材料的总重量是 1 400 吨，相当于 670 辆小轿车的重量。

5 000 千克

2011 年人口普查表格的印制消耗了 5 吨油墨。

29 000 位

共有 29 000 位数据采集员参加了 2011 年的人口普查。

8 400 000 个

澳大利亚共有 8 400 000 个家庭。

9%

1986 年的一份未公开报告显示，9% 的数据采集员曾被狗咬。

19 澳元

2011 年人口普查的单个样本采集成本是 19 澳元（总成本为 4.4 亿澳元）。

30%

据估计，在 2011 年的人口普查中，约有 30% 的被访者将选择电子普查。

果决定新建多少道路、公共设施，以及规划多少住宅区。

　　为了完成调查的重任，一代又一代热心公益事业的数据采集员克服了重重困难，甚至不顾个人安危。统计局 1986 年的一份未公开报告显示，9% 的数据采集员曾被狗咬。更糟的是，"一位采集员被马咬了……还有一些采集员被鹅追赶，有两位则被宠物鸸鹋追得夺路狂奔，有的则受到了筑巢燕千鸟的攻击，更有甚者，一位采集员竟被一头大肥猪追赶"。

　　起初，所有数据采集员都是男性，他们驾着双轮马车四处奔走。1954 年的人口普查结束后，一位数据采集员被问及为何在乡村地区采集数据要花那么长时间。他在信中解释说，内地的生活太孤单了，大多数被访者太想和外来人聊天了，他说："大多数情况下，我需要花费 30 分钟时间解释人口普查的必要性……他们总是羞羞答答，不肯说出自己的年龄。有娃的中年妇女往往要倒上一杯茶，傻笑几声，才肯告诉我她几岁了。"最终，统计局意识到引入女性调查员有助于普查工作的开展。1971 年，《澳大利亚女性周刊》（*Australian Women's Weekly*）刊文指出："在 1966 年的人口普查工作中，女性调查员，其中大多数是家庭主妇，表现非常出色。统计局官员希望更多女性能够加入今年的普查工作。"

　　近年来，已经没有什么艰难险阻能够阻挡数据采集员的前进步伐。首相官邸会提前收到调查问卷。统计局会提前数月向在南极，其中包括莫森科考站，工作的科学家运送调查表格，所以，他们的数据信息不会被遗漏。数据采集员还会登上停靠在港口的船只和游艇进行调查。就连珀斯西北2 950 公里的可可斯群岛（Cocos Islands）也没被落下。

64%

2006 年，64% 的澳大利亚人称自己信仰基督教。在 1911 年的普查中，这一比例曾高达 96%。

2168 名

2006 年，新南威尔士共有 2168 名巫师。

资料来源：

abs.gov.au/census

　　数据采集员的辛勤劳动所结出的成果能够帮助政策制定者在未来数年内进行有效决策。所以，大家都坐直了，托尼，别拉朱丽娅的头发了。来，大家一起说"茄子"。

细节体现出澳洲家庭习惯

9.6 澳元

典型澳洲家庭每周花 9.6
澳元买新鲜水果。

11.77 澳元

典型澳洲家庭每周花
11.77 澳元买糖果点心等
零食，其中包括薯片、巧
克力和冰淇淋。

24.23 澳元

典型澳洲家庭每周的电费
是 24.23 澳元。

0.13 澳元

典型澳洲家庭每周花 0.13
澳元拨打公用电话。

0.38 澳元

典型澳洲家庭每周花 0.38
澳元进行圣诞布置。

3.21 澳元

典型澳洲家庭每周花 3.21
澳元购买刮刮卡。

36.66 澳元

典型澳洲家庭的每周油费
是 36.33 澳元。

要想了解你们家的家庭开支状况和别家的差别你可以去看澳大利亚统计局专门对普通家庭开支所做的调查，而不必去随便翻邻居的垃圾桶。每隔 6 年，澳大利亚统计局会对本国 800 多万家庭中的 1 万多个进行家庭开支调查。接受调查时，被访者需要在两周时间内详细记录自家的开支状况。他们还需要回忆过去一年内发生的，金额较大的偶发消费。调查结果显示，澳大利亚人的消费涉及 600 多种商品和服务。那么，我们把钱都花到哪儿去了呢？你的家庭支出状况和澳大利亚平均状况又有何异同？

2009—2010 财年数据显示，一个典型的澳大利亚家庭每周要花 1 236 澳元来购买各种商品和服务。住房开支，其中包括房租、房贷月供、维修费用和房屋保险，是最大的花销，约占总开支的 18%。25 年前，这一比例只有 13%。

紧随其后的开支项目是食品和非酒精饮料，占家庭总开支的 17%。1984 年，该比例为 20%。交通费，其中包括购车费用、油费、上牌费和维修费占总开支 16%，位居第三。随后便是占总开支 13% 的娱乐费用，其中包括节假日开支。调查结果还显示，典型澳洲家庭每周只花 9.6 澳元购买新鲜水果（其中的 1.73 澳元用于购买香蕉），同时却花 11.77 澳元购买糖果点心等零食。

我们祖辈从英国带来的饮茶传统已经被咖啡颠覆。典型澳洲家庭每周花在咖啡和茶上的开销分别是 1.77 澳元和 0.8 澳元。由于澳洲四面环海，我们更喜欢吃海鲜（每周 4.89 澳元），紧随其后的是牛肉（每周 4.86 美元）。黄油和人造黄油的争斗由来已久，前者在澳洲略微领先，典型澳洲家庭每周购买黄油和人造黄油的开销分别是 0.75 澳元和 0.67 澳元。综上所述，典型澳洲家庭每周的食物和非酒精饮料开支是 240 澳元，此外，我们每周还要花 63 澳元外出打牙祭或吃快餐。

澳洲人对于啤酒的热爱依旧不减：我们平均每周要花 12.58 澳元买啤酒，而只花 8.47 澳元买红酒。

那是你的手机在响吗？我们的移动通讯费（每周 12.17 澳元）基本赶上了固话费（每周 14.67 澳元）。公用电话已经成为了老古董，澳洲家庭每周平均只花 0.13 澳元打公用电话。

有一个调查结果能登上报纸头条：女性在服装和美发上的开支远超男性。在一个典型澳洲家庭中，男性每年用于理发和服装的开销分别只有 42 澳元和 264 澳元，而女性这两项的开销则分别高达 123 澳元和 611 澳元。而且，这种差异在男孩和女孩身上就已经出现，两者花在服装上的开销分别是 56 澳元和 71 澳元。

2.71 澳元

典型澳洲家庭每周花 2.71 澳元去健身俱乐部锻炼。

5.24 澳元

典型澳洲家庭每周的有线电视费是 5.24 澳元。

资料来源：

Australian Bureau of Statistics, Survey of Household Expenditure 2009-10.

　　澳洲人每年花在海外旅游上的开支（每个家庭 1 389 澳元）略比国内旅游开支多一些（每个家庭 1 340 澳元）。至于娱乐，我们每周花 0.14 澳元去美术馆和博物馆，还花 2.29 澳元去影院看电影。

　　典型澳洲家庭每周只花 2.71 澳元去健身俱乐部锻炼，比用于购买刮刮卡的 3.21 澳元还少。我们每周还花 0.5 澳元买彩票。澳洲家庭每年投资 36 澳元于露营设备。圣诞装饰的平均花销是 20 澳元。

　　上述细节勾勒出了澳洲家庭的日常生活。

家务繁重

时间都去哪儿了？为了回答这个问题，经济合作与发展组织（OECD）通过编制发达国家国民时间使用情况调查来回答这一问题。有什么惊人结果吗？虽然各国情况略有不同，但大家的时间使用情况其实基本相同。

一般来说，在一天中，受访者要花 1/3 的时间从事（有报酬或无报酬的）工作，还要花接近半天时间做一些有关个人生活的事情，其中包括睡觉和进食，所以用于娱乐的时间只剩下几小时。在一些国家，人们进行有报酬工作的时间比较少，但他们会多做一些没报酬的工作，如做饭、打扫、照看孩子、种花种草等。墨西哥人工作特别卖力，堪称世界劳模，如果把有偿和无偿工作加起来，他们平均每天要工作 10 小时（OECD 的平均值是 8 小时）。

澳大利亚人每天平均花 4 小时进行有偿工作或学习，比 OECD 的均值少 4 个半小时。你或许会觉得我们的工作时间太少了，别忘了，这只是均值，失业者的时间，以及不工作的节假日都计算在内。虽然澳大利亚人从事有偿工作的时间比较少，但我们从事无偿工作的时间比较长，每天平均要花 4 小时，OECD 的均值为 3 小时 20 分。在这方面，澳洲人

4 小时

成年澳洲人平均每天花 4 小时从事无报酬工作，其中包括做饭、打扫、照看孩子等，这一数字在 OECD 中位列第三。

3.5 小时

OECD 成员国国民平均每天花 3.5 小时从事无报酬工作。

46%

澳洲人所做无报酬工作的价值相当于澳大利亚 GDP 的 46%，在 OECD 中位列第二（均值为 33%）。

23 分钟

OECD 成员国国民平均每天花 23 分钟购物。

32 分钟

法国人平均每天花 32 分钟购物，位列 OECD 各国之首；而韩国人平均每天只花 13 分钟购物，位列 OECD 之末。

26 分钟

OECD 成员国国民平均每天花 26 分钟照顾家人。

45 分钟

澳洲人平均每天花 45 分钟照顾家人，在 OECD 中位列第三，排在新西兰（48 分钟）和爱尔兰（62 分钟）之后。

50 分钟

OECD 成员国国民平均每天花 50 分钟做饭。土耳其人平均每天花 74 分钟做饭，位列 OECD 各国之首。

30 分钟

美国人平均每天花 30 分钟做饭，在 OECD 中排名最后。美国人口肥胖率高达 1/3，是 OECD 国家中最高的。

资料来源：

Organisation for Economic Co-operation and Development, Society at a Glance 2011-OECD Social Indicators, Chapter 1. 'Cooking and caring, building and repairing : Unpaid work around the world'.

位列第三，紧随土耳其人和墨西哥人之后。日常家务，如烧饭、打扫、修剪花草和修缮房屋等占据了无报酬工作的很大一部分。

OECD 成员国国民每天平均花 2 小时 8 分钟做家务，此外还要花 26 分钟照料家人，23 分钟购物。照看孩子的时间特别难测量，因为许多家长在管孩子的同时还在干其他事，如烧饭。调查显示，澳大利亚人照看孩子的时间比其他国家国民多得多，但这部分是因为我们的时间使用调查鼓励被访者报告所有花在照看孩子上的时间，同时做其他事情的时间也算在内。

在照看孩子方面，一个趋势非常明显：父亲侧重于和孩子玩耍以及教育孩子，而母亲则侧重于照顾孩子的起居，负责看护他们。在 OECD 成员国中，母亲每天平均花 1 小时 40 分钟照看孩子，而父亲每天只花 42 分钟，前者是后者的两倍多。父亲和孩子进行有趣的互动，而母亲花在孩子身上的时间和精力则更多。

至于吃饭和睡觉，澳洲人和 OECD 其他国家的国民一样，每天平均花 11 小时。OECD 国家的成人每天平均花 50 分钟做饭。土耳其人最把做饭当回事，每天要花 74 分钟，而美国人每天只花 30 分钟，他们经常吃外卖或是吃速冻方便餐食。怪不得美国人的肥胖率在 OECD 成员国中居首，1/3 的美国人肥胖。

做一些家务看来还是有好处的。

测量和缩小劳动报酬性别差异

女性是否获得了同工同酬的待遇？虽然澳大利亚调解和仲裁委员会做出男女同工同酬的历史性仲裁决定已经有 40 年时间了，但这依然是一个令人不安的问题。

如何准确测量劳动报酬性别差异是一个比较棘手的问题。显而易见，女性的实得劳动报酬总体上比男性低很多。不过导致这一现象的原因有很多：女性从事兼职工作的比例较高；她们工作的行业，如酒店服务业和零售业的薪资水平较低；她们的职位较低；即便是全职工作的女性，其工作时间也相对较短。

其实，同工同酬这个概念本身就比较难把握。这是否意味着，只要从事同一种工作，男性和女性就应该获得相同报酬？还是说拥有相同工作技能水平的男性和女性应该获得相同报酬？有个棘手的问题我们始终绕不开：如何比较护工和技工所做工作的价值？

在讨论劳动报酬性别差异时，我们使用最多的测量标准是"全职、成年、正常工作收入"，也就是说，我们对 21 岁及以上（如果工资不打折扣，年龄门槛可以降低），全职工作的男性和女性所获的正常收入（剔除加班费和奖金）进

83%

如果比较全职、成年、正常工作收入，那么女性收入是男性收入的 83%。

90%

如果比较全职非管理成年职员的平均时薪，那么女性收入是男性收入的 90%。该测量方法解决了女性工作时间较短，以及男性管理人员工资太高的问题。

78%

1972 年，澳大利亚调解和仲裁委员会做出男女同工同酬的历史性仲裁决定。1974 年，女性全职非管理成年职员平均时薪是男性的 78%。

107%

20~24 岁年龄段女性的全职非管理成年职员平均时薪是同龄男性的 107%。

82%

对于 45~49 岁年龄段的女性，该比例下降为 82%。

78%

对女性法务工作人员而言，其全职非管理成年职员平均时薪是男性同行的78%。

67%

对女性金融从业人员而言，其全职非管理成年职员平均时薪是男性同行的67%。

126%

对女性秘书和个人助理而言，其全职非管理成年职员平均时薪是男性同行的126%。

134 600 名

134 600 名澳洲女性希望能够工作更长时间，但却因为需要照顾孩子而无法如愿。

资料来源：

Australian Bureau of Statistics, Australian Social Trends: Income Distribution: Female/Male Earnings, 2005; Australian Social Trends: Work, Life and Family Balance, September 2009; Average Weekly Earnings, November 2010; Employee Earnings and Hours, May 2010.

行比较。根据这一标准，女性的收入只有男性的83%。前者的平均年收入是 58 760 澳元，后者的平均年收入则是 70 720 澳元。

即便如此，还是有一些问题没有得到解决。首先，收入性别差异中有多少是因为女性从事低技能全职工作造成的？比如，这种测量方法会将男性 CEO 及其女性秘书的收入进行比较。CEO 的收入自然会高出许多，因为他们为公司创造更多价值，或至少因为他们承担更多的风险。还有一个因素这种方法没有考虑，那就是并非所有全职工作的工作时间都一样长。正常全职工作每周需要的工作时间少则 38 小时，多则 50 小时。调查数据显示，从事全职工作的男性往往工作更长时间。

统计局想了一个办法来更加准确地测量收入性别差异，那就是测量"全职非管理成年职员的平均时薪"。这样，女性工作时间较短，以及管理人员（通常为男性）收入过高就不会影响测量的客观性。如果采用这一测量标准，女性收入上升至男性收入的90%。

只要搞清楚劳动报酬性别差异到底有多少是因为测量问题，或是因为就业特征性别差异造成的，我们就能知道还有多少差异是因为性别歧视、传统女性工作的价值被低估，或是因为女性职业发展瓶颈（因为女性需要照顾孩子）造成的。而这些问题是可以通过一定努力加以解决的。

经济学能否让我们变苗条

减肥其实很简单：少吃多动。虽然相关的宣传已经做了很多年了，但大多数肥胖人士依然我行我素。

《肥胖：一个广泛传播的问题》（*Obesity: A wide spread problem*），
《经济学人》，2011 年 8 月

我已经减掉了 1/5 的重量。2011 年，即将步入而立之年的我决定减肥。我和我的许多朋友似乎都有如下经历：20 多岁我们自立门户，开始照顾自己，但连连做出错误决定，如经常下馆子吃饭，饮食不健康，加班熬夜，不锻炼身体。终于有一天，我们被磅秤显示的数字惊呆了。

没什么比我们与日俱增的腰围更能体现人的不理性，没什么比这更能说明我们的决策能力有多差。2/3 的澳洲人面临肥胖威胁。而肥胖则是通向各种致死疾病，如糖尿病、心脏病和癌症的一条捷径。我们膀阔腰圆，郁郁寡欢，而且生产力低下。该是经济学家出手的时候了。

2011 年，我设法减掉了 19 公斤，也就是原来体重的 22%。我很想说经济学帮了大忙。但事实并非如此，不过简单的会计记账对我减肥还是很有帮助的。我参加了《减肥达人》（*Biggest Loser*）节目中教练米歇尔·布里奇斯（Michelle Bridges）开设的网上减肥项目，并学到了一个神奇公式：摄入热量 – 消耗热量。我学习如何烹调低热量菜肴，学会只吃低热量零食。我尽量不碰糖和酒。我还买了心率监测计，并且发现，虽然计算消耗掉的热量和摄入的热量都很必要，但前者要比后者有趣得多。

多年的经济报道让我意识到，减肥说简单也简单，无非是身体能量供给和需求两方面的问题。如果能量供给过剩，那么你就会变胖。如果身体能量需求太小，也就是通过运动消耗掉的热量太少，那么你也会变胖。如果这两者都占全了，你将驶上通向肥胖的快车道。所以，如果你想减肥，只需减少能量供给或增加能量需求，假如你下决心双管齐下，那么很快就会和身上的赘肉说再见。

对个人来说，有关供给和需求的比喻只能帮你到这儿了。单说到身体对能量的需求和价格是扯不上关系的。但政策制定者还有很多事可以做。他们可以出台政策，向高脂高糖食物课税，以此来提高高热量食品的价格，进而减少不健康食品的需求。食品行业当然会表示反对，他们不会束手就擒，而是会花钱四处游说。政策制定者可以再给他们一个选项，那就是完全禁止高热量食物，看看他们会作何选择。至于增加个人身体能量的消耗，政府可以补贴健身费用以鼓励民众加强锻炼。当然，其实你需要的只不过是公园和跑鞋。要不让政府将跑鞋作为计税的抵扣项，你看怎么样？

也许抗击肥胖的最佳方法是将垃圾食品的害处和锻炼的好处尽数告诉民众，并让他们自己做出信息充分的理性选择。

消费者之所以常常做出错误选择主要是因为缺乏信息，这是信息不完全的典型案例。禁止有关垃圾食品的广告肯定会有作用，要求餐厅标注每道菜的热量也会有不错的效果。学校则应该开设课程，让学生熟悉"摄入热量－消耗热量"这一公式。

我们为何要等政府出手才行动呢？个人向肥胖宣战的第一步就是明白信息的力量。减肥者应该仔细阅读食品的标签，搞清楚自己的身体每天到底需要多少热量，然后准确计算自己每天摄入了多少热量。当然，对大多数人来说，肥胖会引发比较复杂的情绪反应。一些人患有代谢障碍，他们的减肥道路更加艰难。但不管怎样，"摄入热量－消耗热量"这一基本公式适用于各种人群。让我们拿出计算器，认真控制自己的体重。

你在本章可能会读到的无聊内容

- 迅速有效减肥的秘诀——等一下，这可不无聊
- 全球可可行业的规模
- 肥胖人口增多对于生产力的影响
- 一年中有几天我们会为了请假而谎称生病，及其对生产力的影响
- 肥胖的"负外部性"
- 政府如何用税收政策来影响民众行为

用简单的加减法减肥

7 500 卡

为了减掉一公斤体重，你需要让身体燃烧储存在体内的 7 500 卡热量。

1 800 卡

一个身高 1 米 6，体重 70 公斤的 40 岁女性在一天内消耗大约 1 800 卡热量（不进行剧烈运动，而只是步行一小段路）。

1 200 卡

专家建议，需要减肥的女士每天应该只摄入 1 200 卡热量。

600 卡

如果不进行剧烈运动，那么上述女性每天将减少存储在体内的 600 卡热量。

12.5 天

照此计算，她需要 12.5 天才能减掉 1 公斤体重。

280 卡

该女士快走 1 小时（速度约为 6.5 公里／小时）能够消耗 280 卡热量。

住手，别动那块巧克力。我已经找到了减肥的诀窍，一切就是这么简单。你只要会加减法就成。

别再浪费金钱购买减肥茶和那些号称能够燃烧脂肪，抖得你浑身发麻的减肥器械了。减肥其实只关乎一个非常简单的数学公式：摄入热量 – 消耗热量。如果你想保持体重，那么只要保证每天摄入的热量和消耗的热量相等就行了。如果你想减肥，那么就要保证后者大于前者。这样，身体就会被迫将存储在脂肪中的热量释放出来，以满足身体日常活动的需要。虽然这个公式非常简单，但要在现实生活中实现它却很难。很不幸，我们的身体不是会行走的热量计算器，而是我们的穴居人祖先留给我们的遗产。因此，虽然现代人的生活缺少运动，但我们还是喜欢吃富含能量的高糖、高油食物。

为了实现减肥的目标，你需要掌握更多相关信息，并管理好自己。你需要下列装备：心率监测计（用来计算锻炼燃烧掉的热量）、一台能够上网的电子设备（用来访问帮助你计算热量的网站，如 calorieking.com.au）、一个计算器和一台健康秤（用来检验减肥成果）。

你还需要知道一个神奇的数字：7 500。这个数字之所以神奇，是因为如果在一段时间内（无论长短），你身体消耗的总热量超过总摄入热量 7 500 卡，那么你就能减掉 1 公斤体重。至于我们为何没在学校学到这个数字，为何没在公交车的宣传栏中看到这个数字，我就不清楚了。

我在参加一个网上减肥项目时知道了这个神奇数字。如果你参加的减肥项目明确告诉你该买什么，不该买什么，该吃什么，不该吃什么，并督促你锻炼，而你却依旧浑圆如初，那么你很可能不是常人。开始减肥 8 周后，我整整减掉了 8 公斤肥肉。

到底应该如何运用热量公式来减肥呢？首先，你要计算一下，自己在不进行重体力劳动和运动的情况下，一整天的日常生活能够让身体消耗掉多少热量。请在搜索引擎中键入"基础代谢计算器"。使用这一工具，你能计算出各种生理机能消耗的热量，计算所得数字会因个人性别、身高、体重和年龄的不同而发生变化。

此外，步行到车站或停车场等活动每天还会让你的身体额外消耗 300 卡热量。如果一位 40 岁的女性身高 1.6 米，体重 70 公斤，那么她的基础代谢率大约是 1 500 卡。如果她不进行大量运动，那么她每天很可能会烧掉 1 800 卡热量。

如果这位女士每天只摄入 1 200 卡热量，那么她立刻能消耗存储在体内的 600 卡热量（1 800–1 200），一周便能消耗掉体内的 4 200 卡热量。为了在一周内减掉 1 公斤体重，也就是消耗体内存储的 7 500 卡热量，她还需要通过锻炼消耗额外的 3 300 卡热量。我还想告诉肥胖人士一个好消息，

560 卡

该女士慢跑 1 小时（速度约为 8 公里 / 小时）能够消耗 560 卡热量——没错，慢跑消耗的热量是快走的两倍。

7 天

如果该女士每天摄入 1 200 卡热量，且慢跑 1 小时，那么她需要 6 天时间就能减掉 1 公斤体重。

150 卡

一个 34 克重的吉百利巧克力蛋含有 150 卡热量。

资料来源：

12wbt.com; cadbury-easter.com; caloriecount.about.com/cc/calories-burned.php; michellebridges.com.au.

那就是 7 500 卡 / 公斤这一数字适用于所有人。由于胖子的基础代谢率比瘦子高，也就是说为了完成基本生理机能，他们需要消耗更多能量，所以在摄入相同的 1 200 卡热量的情况下，他们体内存储的热量消耗得更快。此外，身体状况欠佳的人开始锻炼时心率往往较高，其身体燃烧热量的速度更快，这对胖子来说也是个好消息。

但是，你还是要把心爱的巧克力扔掉——好吧，只能留一两块——然后迈开步子，动起来。

甜甜的复活节

每年的这个时候，我们都会停下脚步，心怀感激，回味复活节的真谛：巧克力。最初，默默无闻的可可豆只是被阿兹特克人和玛雅人研磨成粉，制作成一种苦味饮料。后来，欧洲人把可可粉压成条状。瑞士人又将浓缩牛奶加入其中，并将其铸成小兔子的形状。我们所知的复活节巧克力就此诞生。

我有一条好消息要告诉全世界的巧克力爱好者。2010年复活节前夕，《欧洲心脏杂志》（*European Heart Journal*）刊载了一篇学术论文，这项研究对 19 000 名德国人进行了调查。研究者发现，每天吃 6 克巧克力可以让心脏病和中风的发病率下降40%。不过，医生告诫大家不要吃太多巧克力，因为肥胖同样是引发心脏病和糖尿病的主要原因。据估计，每天有275人患上糖尿病。至于糖尿病是否在复活节后高发，我们不得而知。

澳大利亚央行行长格伦·史蒂文斯（Glenn Stevens）也在复活节来临之际送出了希望。他说，上帝没有一手制造金融危机，显而易见，这是人类贪婪和恐惧不断循环的结果。这位玩吉他的业余飞行爱好者还回答了有关其信仰的问题。

3 000 000 吨

全世界每年产出 3 000 000 吨可可豆。

70%

全球 70% 的可可产自西非，特别是加纳象牙海岸。

10 粒

在 16 世纪，玛雅人买一只兔子要花 10 粒可可豆，玛雅人当时用可可豆作为货币。

1528 年

1528 年，西班牙征服者埃尔南·科尔特斯（Hernán Cortés）将可可豆从墨西哥运往西班牙。当时的人们将可可豆研磨成粉冲水喝。

1831 年

1831 年，约翰·吉百利（John Cadbury）开始在英国制作巧克力。

1900 年

1900 年，全球第一款大规模生产巧克力——好时巧克力条开始投放市场。

3 块

第二次世界大战期间，美国大兵每天的配给中包括3大块巧克力，每块巧克力含600卡热量。

80 吨

2010年，中国糕点师用80吨巧克力制作了10米长的长城模型和560个迷你兵马俑。

1 700 000 人

据估计，澳洲糖尿病患者约有1 700 000人（包括未诊断出的病人）。

资料来源：

cadbury.co.uk; candy.net.au; chocolate.org; diabetesaustralia.com.au; Ice Futures US; lindt.com.au; nestle.com.au; World Cocoa Foundation.

作为影响货币政策的大人物，他是否听命于上帝呢？"我想说，虽然很多人觉得上帝不存在，但我坚信上帝是存在的。"史蒂文斯说。至于他的工作受到何种影响，他说："如果你是基督徒，上帝已经赋予你从事某项工作，养家糊口的能力，《圣经》教导我们，你应该心怀侍奉上帝的心，做好自己的工作……"

当史蒂文斯将利率水平升向天堂的时候，或许只有放出房贷的银行才能感到一丝安慰。

澳洲人最喜欢的运动是坐沙发

自有收视率以来，2011 年的起源州橄榄球赛决赛创下了澳洲收视纪录，据估计，共有 2 500 000 澳大利亚人观看了这场比赛。但统计局调查显示，约在 2009 年与 2010 年之前的五年里，真正参加体育运动的人占总人口的比例却从 66% 下滑至 64%，而且这一变化"在统计上是显著的"。其实，坐在电视机前看体育比赛的人的确越来越多，而穿上运动鞋，去公园里开展真实体育运动的人的人数却在减少，两者的差距在不断扩大。

经合组织调查显示，在发达国家中，澳大利亚人口肥胖率的上升速度最快。你没看错，我们已经走在赶超美国的路上了。

在过去 20 年里，澳大利亚肥胖和过度肥胖人口所占比例（2009 年，如果根据被访者自述情况进行统计，该比例为 56%，如果用其他一些标准进行衡量，肥胖人口比例更高）已经超过了奥地利（45%）、加拿大（50%）和西班牙（52%）。虽然英国人（63%）和美国人（68%）依然走在我们前面，但我们超过他们应该用不了多久。经合组织预测，到 2019 年，64% 的澳洲人将变成胖子或超级胖子。

肥胖危机不但会导致医疗成本上升——肥胖会引发各种威胁生命的疾病，如糖尿病和心脏病，这些疾病的患者必须

36%

在 2009 年至 2010 年间，15 岁及以上的澳大利亚人中有 36% 不参加任何形式的锻炼和体育活动，5 年前，这一比例为 34%。

56%

2009 年，自述报告显示，56% 的澳洲人肥胖或过于肥胖。

27%

2009 年，9~13 岁儿童中有 27% 肥胖或过于肥胖。

64%

经合组织预测，到 2019 年，约有 64% 的澳洲人肥胖或过于肥胖。

33%

1973 年，只有 33% 的澳洲人肥胖或过于肥胖。

28%

28% 的澳洲人步行锻炼身体，进行有氧锻炼和游泳的人分别占人口的 14% 和 7%。

6 400 000 人

15岁及以上的澳洲人中有
6 400 000人使用公园、海
滩和步道等设施进行锻炼。

8 年

体重正常者比肥胖者平均
多活8年。

18%

体重正常者比肥胖者平均
多赚18%。

资料来源：

Australian Bureau of
Statistics, Participation
in Sport and Physical
Recreation 2009–10;
Organisation of Econo-
mic Co-operation and
Development, Obesity
and the Economics of
Prevention: Fit Not Fat,
September 2010.

接受持续治疗，甚至需要住院治疗——而且会导致生产力下降。统计数据显示，肥胖与低出勤率和低收入相关。身体不健康的人很难全力投入工作。

2011年4月，悉尼兰德维市议会（Randwick City Council）通过法案，增加私人健身教练使用公园和海滩开展健身课程的费用，每个受训者每次培训的人头费要增加2~6澳元。该法案招来一片骂声。兰德维并非肥胖肆虐的重灾区，贫困地区的情况更糟，但就鼓励人们锻炼而言，任何政策变动都意义重大。该法案无疑增加了人们进行锻炼所需付出的成本，一些人会因此而退却。虽然竭力反对该法案的主要是私人健身教练，但最终承担额外成本的是锻炼者。经济学告诉我们，人们会根据价格信号来改变自己的行为。

德勤经济研究所2009年发布的一份有关健身市场的报告显示，成年人每增加3%的锻炼者，政府就能省下2亿多澳元开支，GDP也能增加82 000 000澳元。相反，如果健身人数减少，政府一方面要支付更多医疗费，另一方面却要面对所得税减少的窘境。德勤经济研究所称："国民健康水平提高所带来的益处会辐射到经济的其他领域，医疗成本会降低，生产力会提高，劳动人口也会增多（因为身体健康而参加工作的人会增加）。"

各级政府应该醒一醒，正视肥胖威胁带来的挑战。政府非但不应该打击人们锻炼的积极性，而且还应该拨款鼓励人们锻炼，这对全社会都有好处。

少看电视，多运动！

以税收促减肥

如果政府对高糖高脂食品抽税，那么人们就不会受到肥胖的困扰了。事情真有这么简单吗？当然不是，但这是个良好的开端。

随着全球肥胖人口的不断增多，各国政府开始考虑需要出台哪些政策来缩小"世界的腰围"。2011 年 10 月，丹麦政府决定，对饱和脂肪超过 2.3% 的所有食物课税，这些食物包括黄油、牛奶、乳酪、食用油、肉和熟制半成品等，税率为每千克饱和脂肪 3 澳元。丹麦政府希望通过提高高脂食品的价格来削弱此类产品的生产和消费，进而遏制肥胖问题的进一步发展。毫无疑问，价格的提高的确能减少此类食品的需求，至于需求的下降幅度有多大，这取决于消费者对于价格变化的敏感性，而后者又取决于市面上廉价健康替代食品的数量，这些食品包括低脂牛奶和健康预制食品等。

以食品生产商为主的肥胖税反对者则认为，该税种会造成不公，因为受惩罚最多的是低收入人群。但最需要解决肥胖问题的恰恰是低收入人群，因为他们的肥胖比率最高。至于公平问题，最重要的是确保低收入人群有能力改变自己的饮食习惯以避免被收取肥胖税，这才是收取肥胖税的真正目的。

1 009 卡

配中薯和可乐的麦当劳巨无霸套餐含 1 009 卡热量。

49%

成人应该日均摄入 2 080 卡热量，一顿巨无霸套餐所含热量相当于这一数字的 49%。

4 小时

如果通过步行来消耗一顿巨无霸套餐所含热量，那么一个体重 80 公斤的成人需要步行 4 小时。

15 亿

2008 年，全球 20 岁以上肥胖者的数量为 15 亿。

5 亿

2010 年，肥胖成年人口数量为 5 亿。

10%

肥胖者占全球总人口的 10%。

43 000 000 人

2010 年，5 岁以下肥胖儿童人数为 43 000 000。

虽然总体来说，食物需求没什么弹性——无论价格多高，我们都要吃饭——但理论上，我们对食物的选择其实有很多。举例来说，如果香蕉价格上涨，我们可以吃橙子或其他水果。如果你担心用来替代高脂高糖食品的选项不够多，那么政府可以用肥胖税来补贴健康食品，如水果和蔬菜。

但人们到底是因为垃圾食品便宜，还是因为缺乏健康饮食意识和相关知识而消费此类食品呢？如果是前者，那么征收肥胖税是有用的。但如果是后者，我们就需要采取其他措施了，如增加健康食品的供给，标注食品的营养成分和所含热量，加大健康饮食知识普及的力度，禁止垃圾食品广告。这些举措都能减少不健康食品的销量。

显然，摄入过多高热量食物只是导致肥胖问题的一大原因。缺乏运动是另一大诱因。狡猾的经济学家或许会建议政府对那些没有达到每日标准运动量的人收税。当然，我们不能为了健康而给自己找一个管头管脚的"老大哥"。①

实际上，政府应该担心肥胖问题的唯一理由是相关的社会成本，如高企的医疗费用和下降的生产力，并非由肥胖人士独自承担（用经济学术语来说，这是个"负外部性"问题）。一些严苛的经济学家或许会认为，问题的症结是肥胖人群，所以应该对他们，而非高脂食物征收高额肥胖税，或者剥夺他们享受肥胖相关疾病，如糖尿病和心脏病政府医疗补贴的权利。

65%

全球 65% 的人口生活在这样的国家，那里因为肥胖而死亡的人数超过因为消瘦而死亡的人数。

216 人

澳大利亚每周有 216 位妇女死于心脏病，心脏病是本国女性最大死因（致死人数比位居第二的乳腺癌高出 4 倍）。

资料来源：

Australian Bureau of Statistics, Cause of Death, Australia, 2008; McDonalds.com.au/our-food/nutrition; michellebridges.com.au, Calorie Expenditure Chart; World Health Organization.

---

① 关于"老大哥"（big brother），详见奥威尔的著名小说《1984》。——译者注

　　总之，经济学家用来应对肥胖问题的狠招还有许多。
相对而言，对不健康食品征税还算比较容易让人接受的
选项。

和胆固醇一样，不平等也有好坏之分

197 112 澳元

2007~2008 年度，为了挤进收入最高 1% 的行列，你至少需要挣 197 112 澳元。

18%

2007 年，收入最高的 1% 美国人其税前收入占国民收入的 18%，1977 年，该比例为 8%。

10%

2007 年，收入最高的 1% 澳洲人其税前收入占国民收入的 10%，1977 年，该比例为 5%。

85%

在美国，富有程度前 20% 的家庭拥有 85% 的家庭资产净值。

35%

在美国，富有程度前 1% 的人所拥有的财富占全国家庭资产净值（包括房产、股票、信托、存款和退休金在内的资产减去负债）的 35%。

　　社会的贫富差距越拉越大，我们应该对此感到焦虑吗？来自美国各地的抗议者占领了华尔街，因为那些由纳税人解救的金融机构高管恬不知耻地继续领取高额薪酬。不过，美国贫富差距不断拉大的趋势并不是这两年形成的，而是已经持续了数十年。"占领华尔街"运动打出的"我们属于贫穷的 99%"口号引起了广泛共鸣。当然，运动发起者不只是用口号来煽动民众，他们有充分的统计数据作为依据。

　　世界顶层收入数据库（World Top Incomes Database）显示，富有程度位列前 1% 的美国人其税前收入占国民总收入比重从 20 世纪 70 年代末的 8% 攀升至 18%。该人群所拥有的财富更是多得离谱，占到了美国家庭资产净值（包括房产、股票、信托、存款和退休金在内的资产减去负债）的 35%。

　　为了响应美国民众，富有同情心的澳洲人也占领了马丁广场和墨尔本的城市广场。虽然澳大利亚的贫富差距也在拉大，但并不像美国那样夸张。税务局统计数据显示，澳洲薪资最高的 1% 人口其应税收入占国民总薪酬的比例在过去 30 年里从 5% 上升到 10%。

　　有人觉得，只要大家的收入都在增长，就没什么好担心的。一些经济学家的确是这么想的。他们认为，只要大家获得成功的机会是均等的，只要国家通过收入再分配缓解贫困问题，那么不平等就是生活不可逃避的一面，它反映出了不同技能水平劳动者所做贡献的不同市场价值。我们可以用该理论来解释程序员和零售助理的收入差距，但却很难用它来说明为什么一些高管能拿到天文数字的薪酬。

　　大多数经济学家认为一定程度的不平等是好的，收入差距能激励大家努力工作，完善自我，追求卓越。但贫富差距到底应该拉多大才算比较合理呢？在最近发表的新作《富人和穷人》（*The Haves and the Have-Nots*）中，该领域专家，世界银行经济学家布兰科·米拉诺维奇（Branko Milanovic）认为，"和胆固醇一样，不平等也有好坏之分。我们需要用有益的不平等来激励人们不断学习，努力工作，或承担风险创业。"但他也认为，如果超级富有群体开始动用巨大资源保住自己的优势地位，阻挠一切可能威胁其特权的经济改革，那么经济效率最终会下降。"有害的不平等始于某个临界点，但我们很难对其进行精确定义。到那时候，不平等不再被用来激励人们，而是被用来维护富人的既得利益。"

　　米拉诺维奇认为，根植于美国的有害不平等直接造成了此次全球金融危机。金融权贵的手中聚集了超量财富，他们极尽所能地挥霍金钱，享受奢华，然后再进行风险水平更高的投资。与此同时，美国政客也希望掩盖中低层民众财富不断缩水的难堪事实，所以他们对金融机构放松信贷标准熟视

62%

在澳大利亚，富有程度前20%的家庭拥有全国62%的家庭资产净值。

0.9%

在澳大利亚，富有程度倒数20%的家庭只拥有全国0.9%的家庭资产净值。

9 倍

在澳大利亚，收入排名前10%的家庭和排名倒数10%的家庭相比，其家庭总收入是后者的9倍。

49 倍

在澳大利亚，富有程度排名前10%的家庭和排名倒数10%的家庭相比，其家庭资产净值是后者的49倍。

资料来源：

Facundo Alvaredo, Anthony B. Atkinson, Thomas Piketty and Emmanuel Saez, The World Top Incomes Database, g-mond.parisschoolofeconomics.eu/topincomes; andrewleigh.org/pdf/TopIncomesAustralia.xls; Australian Bureau of Statistics, Household Wealth and Wealth Distribution 2009-10; sociology.uscs.edu/whorulesamerica/power/wealth.html.

无睹。惟有这样，收入停止增长的民众才能借款购买资产，才能生活在富有的假象里。

所以，贫富差距不断拉大这一问题还是值得大家持续关注的。

真假病假

　　1983 年 9 月，艾伦·邦德（Alan Bond）驾驶 12 米长的"澳大利亚号"（Australia Ⅱ）游艇夺得美洲杯帆船赛冠军。前总理鲍勃·霍克（Bob Hawke）观赛后感叹道："我跟你说，如果一个老板因为某个员工今天没来上班就解雇他，那么他一定是个傻蛋。"从此以后，澳大利亚人就多了一个谎称病假的优良传统。

　　考勤公司 Direct Health Solutions（下称 DHS）的统计数据显示，2010 年，澳大利亚上班族每人平均要请 10 天假，请假原因包括生病，照料家人或处理私事。据估计，其中有3/4 是病假，也就是说每人每年平均要请 7.5 天病假。

　　我们每年真的要请一周时间的病假吗？显然，用人单位不这么想。上述调查显示，有将近 3/4 的受访公司相信，大约 10%~25% 的病假是假的。受访公司估计，澳大利亚经济每年为此损失 200~300 亿澳元。因此，他们采取各种手段来杜绝此类情况的发生。员工会被要求在请假时递交医院出具的病假单。一些公司还聘请像 DHS 这样的公司专门负责考勤，员工在请病假时需要打电话给注册护士，说明情况，得到同意后，方可请假。

9.87 天

2010 年，澳大利亚上班族每人平均要请 10 天假，请假原因包括生病，照料家人或处理私事。

75%

其中 75% 是病假。

27%

有 27% 的请假原因是感冒或感染这些最普遍的病症。

67%

67% 的澳洲员工将带薪假视为应有权利。

300 亿澳元

据估计，缺勤给澳大利亚经济带来的损失最高为300 亿澳元。

260 亿澳元

据估计，生病员工坚持上班给澳大利亚经济造成的损失高达 260 亿澳元。

46%

46% 的澳洲人说自己因为工作而没时间锻炼身体。

27%

27% 的澳洲人说自己因为工作而没时间看病。

720 亿澳元

据估计，澳大利亚员工因为无偿加班为雇主贡献了 720 亿澳元。

资料来源：

Australia Institute, 'Long time no see: The impact of time poverty on Australian workers', November 2010; Direct Health Solutions, 2010 Absence Management Survey, September 2010; Econtech for Medibank Private, Economic Modelling of the Cost of Presenteeism, May 2007.

澳大利亚真的是一个游手好闲的国度吗？还是说，这只是一种谣传，就像外国人总以为我们天性懒散，喜欢在海滩上悠闲度日一样。

距离霍克为澳洲人成功赢得"隐性"假期已经有 30 年时间了。职场也已发生了巨大变化。我们现在工作更长时间，如果用某些标准来评判，澳洲人的工作时间在发达国家是最长的。电子邮件、智能手机和平板电脑的发明意味着办公地点已经不受空间和时间的限制，更何况我们呆在办公室的时间也延长了。

2010 年 11 月，澳大利亚研究院（Australia Institute）为首个"准时回家日"所做的研究估计，澳大利亚员工每年为雇主无偿贡献 20 亿小时加班时间，相当于给老板送去了价值 720 亿澳元的大礼包，远远超过了雇主估计的 300 亿澳元假病假经济损失。或许澳大利亚人只是拿回一些被公司偷走的时间。

不过，我们也许真的因为工作太努力而得了病。在接受澳大利亚研究院调查时，近半数受访者表示，他们因为工作原因而没时间锻炼身体。1/4 受访者说自己因为没有时间而无法看医生。实际上，毕马威旗下 Econtech 为澳洲私人保险公司（Medibank Private）所做的另一项调查显示，生病员工坚持上班给澳大利亚经济造成的损失高达 260 亿澳元。问题似乎并不在于"缺勤主义"，而在于"出勤主义"。

有时候，卧床不起或许比坚持工作更有经济效益。

爱情经济学

几年前，会计师为我们算了一笔账，结果发现，结婚会显著提高我们的生活成本，因此我们决定不结婚。

2011 年，澳大利亚经济学家贾斯汀·沃尔弗斯（Justin Wolfers）在被问及为什么不和经济学家贝西·斯蒂文森（Betsey Stevenson）结婚时如是说。

传统上，经济学家不敢染指有关爱恋、婚姻的议题。但近年来，一些经济学家不厌其烦地用"经济学方法"来解决恋爱、婚姻和离婚问题，并因此而出名。20 世纪 70 年代，美国一位自由市场经济学家盖瑞·贝克（Garry Becker）开始将效用最大化、竞争和理性选择这些经济学概念应用于婚姻市场。考虑到结婚是一种自愿行为，贝克认为，市场参与者一定从婚姻交易中获得了某些效用，因此结婚和其他市场交易类似。而且，很多个体为了获得令人心仪的配偶互相竞争，所以我们可以说竞争性婚姻市场的确存在。

不幸的是，贝克最终得出结论认为，家庭劳动分工是两性在能力和偏好上的差异造成的。这惹毛了全球的女权主义者。女权主义经济学家开始回击，她们强调，是社会规范塑造了两性的不同行为。大多数女权主义经济学家并不反对用经济学方法来解决爱情问题，她们只是批评贝克的立论基础过于薄弱。

我们先前已经提到过，经济学家存在的唯一理由是帮助人们提高决策质量，进而最大化我们的幸福。那么，关于爱情问题，经济学研究到底有什么发现呢？

恋爱结婚可是大买卖。"情人节"火爆的恋爱消费只是开胃菜，真正的大餐是婚庆消费。《准新娘》(*Bride to Be*)杂志 2011 年所做调查显示，澳大利亚人结一次婚平均要花掉 49 296 澳元，相当于首都中产阶层家庭 10% 的储蓄。出资者可能是新婚夫妇自己，也可能是他们的父母。考虑到 40% 多的婚姻以分手告终，砸那么多钱办婚礼是不是不太明智了呢？

研究离婚问题的经济学家用信息不充分来解释这一市场失灵。自由市场完全建立在信息假设基础上，换言之，市场参与者能够获得有关未来收益和成本的完全信息，并据此做出理性决策。但真爱往往是盲目的。

经济学家得出结论认为，我们选择人生伴侣总是要冒一定风险的。那么，我们到底应该在何时下决心结婚呢？如果说婚姻是有益的——它能为抚养下一代创造稳定的人际关系，能给你带来安慰和支持——那么，一直拖着不结婚就有一定风险。此外，我们还要考虑继续寻觅伴侣的成本是否能够得到补偿，毕竟该行为的潜在收益边际递减。虽然你不断努力寻找完美伴侣，不断加深对于各备选对象的了解，但在此过程中，好果子不断被别人摘走，备选者的总体质量也会随之下降。

　　数学家接过了解决这一难题的重任，他们开发出"最优停止"公式，以帮助人们决定何时结婚。该理论的基本思路是，你应该寻找 97% 完美先生，而不是百分百完美先生，因为后者你可能一辈子都找不到。

　　真爱或许就和 1、2、3 一样简单。

**你在本章可能会
读到的无聊内容**

- 最优停止理论
- "正常"、"劣等"和"奢侈"商品的差异
- 结婚需求的价格弹性
- 经济行为主体拥有与生俱来的满足偏好
- 政府为何不该干预禁止不会对社会造成负外部性的活动

寻找真爱的数学公式

我知道现在谈情人节已经晚了，但我发现了一个能让你拥有持久爱情、完美婚姻的神奇公式。我正在考虑要不要竖一块告示牌将其广而告之。在此之前，我们还是先来看一看这是一个怎样的公式。

在内心深处，我总是不相信身在象牙塔里的数学教授能够揭示爱的真谛。但这个将数学作为爱情之箭的"丘比特"恰恰是我们澳大利亚本国出产的，他就是在新南威尔士大学（University of New South Wales）工作的统计学家布鲁斯·布朗（Bruce Brown）教授。他发明了一个能让男男女女决定最佳结婚时间的公式。

那么，你到底应该等多久才可以决定自己的终身大事呢？布朗的公式源于"最优停止"理论。该理论帮助人们决定何时采取特定行动以取得最大化收益，它被应用于许多领域，包括医学研究和临床试验。

急性子的读者可能等不住了，这个公式到底该怎么用呢？好吧，让我们言归正传。首先，选择自己可以结婚的最小年龄，比如说 25 岁。再选择自己必须结婚的最大年龄，比如说 35 岁。两者相差 10 岁，然后把它和神奇数字 0.368

1477 年

1477 年，奥地利大公马克西米兰（Archduke Maximilian）向勃艮第的玛丽（Mary of Burgundy）公主献上钻戒求婚，订婚钻戒就此诞生。

118 756 对

2008 年，118 756 对夫妻离婚（同年的结婚对数也是 118 756）。

2.1%

与 2007 年相比，2008 年的结婚人数上升 2.1 个百分点。自 2001 年以来，这一比例一直在稳步上升。

1.6%

与 2007 年相比，2008 年的离婚人数下降了 1.6%。

4 000 摄氏度

钻石的熔点是 4 000 摄氏度。

2002 年

2002 年，联合国开始实施金伯利进程证书制度（Kimberley Process Certification Scheme）以解决钻石原产国内战引发的血钻问题。

相乘，结果大概等于 3 年 8 个月。最后，将这个数字加上最小结婚年龄 25 岁，你就得到了自己的最优结婚年龄，即 28 岁 8 个月。

　　然后你该怎么做呢？布朗教授说："理想情况下，在此之前，你不应该向任何人求婚，或答应任何人的求婚。但在此之后，你应该向遇到的下一个心仪女孩求婚，只要她是当时的最佳人选。"

　　至于对方会不会答应，只有你自己心里有数。

65%

2008 年，65% 的新婚夫妇没有去教堂举行婚礼。

12.3 年

2008 年，澳大利亚已婚人群的婚姻长度中值是 12.3 年。

48.8%

2008 年，48.8% 离异夫妻在离婚时拥有 18 岁以下儿童。

资料来源：

abs.gov.au; Kimberley-diamonds.com.au.

穿着红色婚纱的新娘来了

我最近做了人生最重大的财务决策之一，我决定结婚了。

咨询公司 IBISWorld 的资料显示，澳大利亚婚庆业从业人员有 54 000 人，市场规模达 43 亿澳元，和婴儿产品市场以及乳酪制品市场的规模相当，两者的规模分别为 43 亿澳元和 42.5 亿澳元。这可能不是巧合，毕竟新婚夫妇要生孩子，而孩子要吃乳酪。

以教堂仪式、自制服饰和家庭聚会为元素的传统婚礼已不复存在。如今的婚礼可是大生意。据估计，澳洲人婚礼的平均成本在 36 200~48 296 澳元之间（前一个数据来自 IBISWorld，后一个数据来自《准新娘》杂志实施的"爱情成本"调查）。

澳大利亚都市中产阶层家庭的平均存款额是 445 000 澳元，而现在的新婚夫妇大约要花费 10% 的存款来举办婚礼。剔除物价上涨因素，婚庆支出在过去 10 年里上涨了 1/5（相关消费因为全球金融危机下降了 9%，但已经恢复）。如果我们把每年 43 亿澳元的婚庆支出交给联邦政府，那么政府年度援外资金差不多能翻倍（2011—2012 年度联邦政府的援外预算大约是 48 亿澳元）。

43 亿澳元

IBISWorld 数 据 显 示，2011—2012 年度，澳洲婚庆市场的规模是 43 亿澳元。

42.5 亿澳元

澳洲乳酪制品市场的规模是 42.5 亿澳元。

48 亿澳元

2011—2012 年度，澳大利亚政府的援外资金达到 48 亿澳元。

48 296 澳元

《准新娘》杂志所做调查显示，2011 年，澳洲人婚礼的平均成本是 48 296 澳元。

36 200 澳元

IBISWorld 数 据 显 示，2011—2012 年度，澳洲人婚礼的平均成本是 36 200 澳元，比上一年增加 6.5%。

4 598 澳元

《准新娘》杂志资料显示，2011 年，订婚戒指的平均价格是 4 598 澳元。

虽然结婚人口比例不断下降，但婚庆成本为何节节攀升呢？这个问题可以从几个方面来回答。

婚礼被经济学家称为"正常商品"，而非"劣等商品"，随着收入的增加，其需求也会增加。此外，婚礼似乎也满足"奢侈商品"的定义，也就是说，随着收入水平的升高，增加的不仅是婚礼的实际成本，而且其占新人收入的比例也会增加。另外，如今的新娘往往也有收入，因此有更多的财力可以举办婚礼。

婚庆服务基本上无法通过国际贸易来提供，因此新娘们无法享受廉价进口品和坚挺澳元带来的好处。婚宴、场地租借和婚庆服务是烧钱的主要项目，这些都是无法进口的，只能由本地提供，而澳大利亚的用人成本是较高的。一些聪明的新娘在网上采购海外生产的廉价婚纱、装饰品和喜糖。

酒店、花店和化妆师往往会抬高婚礼的相关收费。这让手头不太宽裕的新娘感到非常不爽。化妆服务费是多少？100 澳元。新娘的容光焕发值多少钱？无价，但至少是平时化妆费的两倍。经济学家相信，上述差价要么是竞争不充分造成的，要么是因为服务质量的确存在差异。现有证据显示，婚庆公司有很多，市场的竞争是充分的。所以，上述现象很可能是因为新娘追求高服务质量，关注细节，并提出许多额外要求而导致的。挑剔的新娘很恐怖。

为了帮助新人筹办婚礼，澳洲人现在在出席婚礼时可以送红包，或为新人的蜜月基金捐款，而不是像以前那样只送礼物。这样，新婚夫妇举办婚礼的负担就没那么重了。

---

44 500 澳元

2012 年第一季度，澳洲首都城市圈中产阶层存款的 10% 是 44 500 澳元。

9%

全球金融危机让澳洲婚庆消费下降了 9%，但目前已经恢复。

121 176 对

2010 年的登记结婚数为 121 176 对，相当于每千人 5.4 对，20 年前，这个数字是每千人 6.9 对。

资料来源：

IBISWorld, 'Wedding in Australia, September 2011'; ausaid.gov.au; Bride to Be magazine's 'Cost of Love' survey; RP Data-Rismark March Hedonic Daily Home Value Index as at 31 March 2012; Australian Bureau of Statistics, 'Marriages and Divorces, Australia, 2010'.

更重要的是，我们应该意识到，在过去 30 年里，女性时间的市场价值已经大幅提高，因为有许多女性步入了职场。现代新娘愿意花钱雇人安排妥当婚礼的各个细节。用经济学术语来讲，女性时间的机会成本上升了。现代女性为经济所做的贡献比以往大多了，她们不再需要为自己婚礼的方方面面操心，而是可以用自己挣来的钱换取高质量服务。这种转变或许才是值得欣慰的。

随大流的威廉王子和凯特王妃

威廉和凯特其实只是一对普通的小夫妻。虽然他们的礼服很精致，婚礼的排场也很大，但两人的基本情况和 2011 年澳大利亚典型新婚夫妇非常贴近。

29 岁是米德尔顿大婚时的年龄，和澳洲新娘结婚年龄的中值一样。不过，如果我们只考虑初婚的新娘，那么该年龄中值将变成 27.7 岁，凯特似乎多等了些时间。

新婚的威廉 28 岁，比典型的澳洲新郎更年轻，后者的结婚年龄中值是 31.5 岁。不过，如果只考虑初婚的新郎，那么该年龄中值将变成 29.6 岁。威廉也没差多少。

威廉和凯特决定等到近 30 岁时才结婚，这反映了新一代年轻人的偏好。统计局于 2009 年进行了一项有关婚姻状况的调查，结果显示，澳洲人的结婚年龄越来越大。20 世纪 80 年代末，初婚新娘和新郎的年龄中值分别是 24 岁和 26.5 岁。如果用这一标准来评价，1981 年结婚的查尔斯王子和戴安娜王妃似乎成了异类。当时那个拖着 8 米长裙，缓缓步入教堂的戴安娜只有 20 岁，而等待她的查尔斯却已 31 岁。

29 岁

米德尔顿·凯特结婚时的年龄是 29 岁，戴安娜王妃结婚时只有 20 岁。

29.2 岁

2009 年，澳洲女性结婚年龄的中值是 29.2 岁。

31.5 岁

2009 年，澳洲男性结婚年龄的中值是 31.5 岁。

9.99 英镑

菲奥纳·格罗布（Fiona Globe）所著《编织自己的皇家婚礼》（*Knit Your Own Royal Wedding*）由常春藤出版社（Ivy Press）出版，售价 9.99 英镑。她会教你如何编织坎特柏利大主教玩偶。

5 500 次

2011 年 4 月，英格兰和威尔士因为皇家婚礼庆典而提出的封锁道路申请数量为 5 500 次。

12.3 年

2009 年，澳洲人婚姻长度的中值为 12.3 年。

8.7 年

离婚的澳洲夫妇平均在结婚后 8.7 年出现感情裂痕。

77.4%

2009 年，77.4% 的新婚夫妇在婚前同居。

69.8%

2009 年，在新南威尔士，69.8% 的新婚夫妇在婚前同居，这一比例在澳洲各地位列倒数第一。

资料来源:

Australian Bureau of Statistics, Marriages and Divorce Australia 2009; bbc.co.uk; Confederation of British Industry; guardian.co.uk; lga.gov.uk.

威廉和凯特还有一点很随大流，那就是在婚前同居。虽然许多母亲对此极力反对，但澳洲新人在婚前同居的比例已经上升到 77%。不过，新南威尔士的新人似乎比较保守，只有 70% 在婚前同居，远低于澳大利亚其他地区的比例。民族和宗教因素可能是造成该现象的一个原因，不过经济方面的考量或许更为重要，毕竟该地区年轻人的买房压力比较大。

不过，威廉和凯特有一点和现代年轻人很不同，这倒不是因为他们坐着马车在大街上巡游，受万人瞩目，而是因为他们去教堂举行婚礼。在如今的澳大利亚，67% 的新人选择不去教堂。从 1999 年起，做出这一选择的新人多于去教堂结婚的新人。而在后者中，有 1/3 去天主教堂，1/5 去圣公会教堂。

新婚的威廉和凯特今后会怎样呢？统计数据显示，如果一对夫妻将来离婚，那么他们平均在结婚 8.7 年后出现感情裂痕，在结婚 12.3 年后分道扬镳。不过，在过去 20 年里，婚龄有不断增长的趋势，这或许是因为现代的男女比较晚结婚，有充足的时间了解彼此。

我想借此机会为新婚的威廉和凯特送上衷心的祝福。

因为挑选圣诞礼物而万分痛苦的经济学家

圣诞节让经济学家既兴奋又揪心。兴奋的是他们可以根据节日前后的零售数据判断消费者是否对经济前景有信心，揪心的是他们怕花钱买了难看的领带、滑稽的杯子和不中用的爆米花机，结果自己费时费力挑选的礼品被对方扔进了壁橱。在经济学家眼里，消费是促进经济发展的重要因素，所以他们不担心过度消费，而是担心礼物在送礼者和收礼者眼中的价值存在巨大差异，这种主观因素造成的浪费是他们无法忍受的。

如果你花 50 澳元给我买了一个手工制作的流苏花边手袋，而我觉得它只值 25 澳元，那么经济学家认为有 25 澳元成为了"无谓损失"。所谓的"无谓损失"就是货价和收礼者所感知礼品价值之间的差异。

经济学家乔·沃德弗格（Joel Waldfogel）在 1993 年 12 月出版的《美国经济评论》（*The American Economic Review*）上发表了一篇名为《圣诞节无谓损失》（*The deadweight loss of Christmas*）的文章。此文被广泛引用，在文中，沃德弗格试图估计圣诞节礼品消费造成的无谓损失到底有多少。他请一些耶鲁本科生估计去年圣诞节收到礼物的总价，然后请

465 澳元

据估计，澳洲人 2011 年人均节日礼品消费为 465 澳元，比前一年上升 27 澳元。

533 澳元

据估计，在采矿业发达的澳洲西部，2011 年人均节日礼品消费为 533 澳元，比前一年上升 20 澳元。

425 澳元

据估计，在经济相对落后的维多利亚州，2011 年人均节日礼品消费为 425 澳元，比前一年下降 40 澳元。

4.91 亿澳元

据估计，澳洲企业将花费 4.91 亿澳元为员工购买礼品卡和举办圣诞晚会，这一数字比前一年上升 9.2%。

6.84 亿澳元

2007 年，全球金融危机爆发前，澳洲企业慷慨支出 6.84 亿澳元为员工购买礼品卡和举办圣诞晚会。

他们估计这些礼物在他们心中的价值，也就是他们愿意出多少价钱购买这些礼物。结果，礼品的心理价值平均只有其售价的 66%~90%。由此形成的 10% 以上的"无谓损失"对社会来说就是一种巨大浪费。美国 1992 年假日礼品消费总额大约是 380 亿美元，沃德弗格据此估计"无谓损失"总计达 40 亿美元。

你现在知道经济学家为什么为挑选圣诞礼物而感到痛苦了吧。他们知道自己怎么都买不到让对方觉得物超所值的礼物。"你要不自己去买礼物吧？我会给自己买礼物的。"这样的话语肯定让经济学家的另一半难以忍受。要是你家里也有一个经济学家，那该怎么办呢？

沃德弗格后来写了一本书，名叫《送礼经济学：为何不该在节日里给别人买礼物》(*Scroogenomics: Why you shouldn't buy presents for the holidays*)。他认为，我们可以给关系最紧密的亲友买礼物。他所做的调查显示，送礼双方的关系越紧密，年龄差越小，无谓损失也就越小。这很可能是因为送礼者比较了解对方喜好的缘故。至于关系比较疏远的熟人，你最好是直接送红包或礼品卡。经济学家还建议新人将所需的物品列成清单让亲友认领，这样他们就不会一下子收到 5 个手持搅拌机了。

关于送礼，最后一招就是替对方把钱捐给慈善机构。如果你不知道对方到底喜欢什么，这会是一个不错的选择。一方面，慈善机构会用这笔钱做一些有益于社会的事情，另一方面，慈善捐赠属于"奢侈商品"，其消费金额不但会随着收入的增加而增大，而且捐赠额占收入的比例也会随之上升。

---

400 澳元

美国密歇根米德兰的查尔斯·霍华德圣诞老人学校举办的 3 日培训课程收取 400 澳元学费。

274 亿澳元

IBISWorld 估计，2011 年 12 月的零售消费额将达到 274 澳元，比去年同期增长 3.3%。

185 亿澳元

2010 年 10 月—2011 年 9 月，博彩业(包括老虎机、赌球、赌马、彩票、赌场消费) 销售额高达 185 亿澳元。

269 澳元

GHD 金色系列卷发烫发夹的售价为 269 澳元。

资料来源：

ghdhair.com; IBISWorld; Roy Morgan, Gambling Trends report; santa-clausschool.com; Westpac Economics, 'Australian consumers setting up for yet another quiet Christmas', results of the November 2011 Westpac-Melbourne Institute Consumer Senti-ment Index.

所以，你在无意之间向对方传递了这样一个信号：你认为他已经富到能够捐钱了。

这是个双赢的解决方法。

平等对待同性婚姻

我们亲眼目睹了政客们如何将这个时代最大的伦理挑战化解为有关就业机会和经济利益的简单数字。他们不喜欢争辩道德问题，但却很喜欢激辩经济问题。

同性婚姻的支持者经常使用有关平等权利的道德论点来支持他们的诉求。民调显示，3/4 的澳洲人支持同性婚姻，认为法律认可同性婚姻是"不可避免的"。"别担心，你们的大喜日子总会来的，总有那么一天。"人们总是对同性恋者如是说。但法律不会自行变更，而是靠人制定的。更糟的是，负责修改法律的是政客。

虽然道德方面的理由无法说服政客平等对待同性婚姻，但经济方面的考虑或许能让他们下决心做出改变。从凯恩斯学派的观点来看，合法化同性婚姻能够激励婚庆行业，因为相关产品和服务的需求会增加。虽然这个理由看起来似乎有点不着边际，但经济学家的确从这些方面来考虑同性婚姻的益处。此外，经济学家最喜欢个人拥有最大化自己幸福的自由选择权。经济行为主体（也就是你和我）生来就具有特定的好恶倾向。一旦满足了，我们就会幸福。政府的作用是通过法律来确保个人在追求幸福的过程中不

62%

2010 年，银河研究机构（Galaxy）民调数据显示，62% 的被访者认可同性婚姻。

57%

2007 年，同性婚姻的民众支持率是 57%。

80%

在 18—24 岁的人群中，有 80% 的人认为同性恋者可以结婚。

72%

72% 拥有未成年子女的家长认为法律应该允许同性恋者结婚。

75%

75% 的澳洲人认为修法允许同性婚姻是大势所趋。

31 100 澳元

环保组织 GetUp!（站起来）以 31 100 澳元拍得与总理杰拉德（Julia Gillard）共进晚餐的机会，而杰拉德将这笔钱转赠给一对同性恋者，以资助他们讨论有关同性婚姻的话题。

让社会的其他部分付出代价。如果法律阻止个人做他们喜欢做的事，那么它就让社会负担了成本。经济学家相信，如果你的所作所为不伤害他人，那么你就拥有做自己喜欢事情的自由。

反对者则认为同性婚姻会毁掉婚姻制度。不过，我们这些异教徒已经破坏了传统的宗教婚姻制度。2/3 的澳洲人已经不去教堂举行婚礼了。婚姻的内涵已经发生了改变。实际上，正因为结婚率不断下降，婚姻这一传统才需要新鲜血液的补充。20 世纪 80 年代中期，在 15 岁及以上的人口中，有 60% 的人结婚。但是到了本世纪初，这一比例已经下降到 55%。永不结婚的人口比例却从 29% 上升到了 32%。

与此同时，离婚率却不断攀升。统计局数据显示，20世纪 80 年代的离婚率是 28%，而 21 世纪初的离婚率已经上升至 33%。婚姻制度已不那么牢靠。

反对者还认为，同性婚姻会伤害孩子，因为他们会失去传统意义上的双性父母。但这种看法恰恰是建立在有关夫妻分工的传统观念上，社会总是期许母亲在照料孩子方面付出更多。但夫妻应该对孩子倾注相同数量的关爱。

当同性恋者无法在公众场合牵手亲吻，当他们不得不隐藏自己的性取向时，社会的整体幸福水平将会下降。

90%

90% 的同性恋者、双性恋者、变性者和双性人表示，他们曾经隐藏过自己的性取向或被迫不在公众场合与恋人做出亲昵举动。

67%

67% 的人觉得自己曾经因为害怕偏见和歧视而改变过自己的日常活动。

33%

澳大利亚统计局估计，在 2000—2002 年之间结婚的夫妻中，会有 33% 最终离婚。1985—1987 年间，这一比例是 28%。

资料来源：

Australian Bureau of Statistics, Australian Social Trends: Lifetime Marriage and Divorce Trends, 2007; australianmarriage equality.com; Australian Research Centre in Sex, Health and Society, Private Lives Survey, 2006; Galaxy Research; getup.org.au.

你的不理性

如果我们只是自己原始、朴实、随机行为的集合，一切会变成什么样？

经济学家丹·艾瑞里，著有《怪诞行为学：可预测的非理性》

无论你上什么经济学课，老师总有一天会叹道："我以前一直和大家说市场是有效的，信息是免费且充分的，人会理性地趋利避害，在权衡得失之后做出最大化效用的决策，大家还记得吗？好吧，我所说的这一切并不都是真的。"此后的课程内容会变得很有趣。

经济学家一直都不愿承认其理论的局限性。经济学是一门极为复杂的学科，不可避免地需要进行一些简化。为了得出一些有意义的成果，经济学家不得不对人的行为和市场进行一定假设。但事实证明，有关人类理性的假设是经济学界最大的谎言之一。

"经济人"这一概念诞生于 18 世纪，也就是现代经济学思想刚刚萌芽的时候。你无法请经济人参加舞会，理论中的经济人是一个绝对理性、绝对自私的人。他拥有一套与生俱来的偏好，并不遗余力地让自己得到满足。经济学之父亚当·斯密这样描述自私的重要性："屠夫、酿酒师和烘焙师之所以为我们提供食物并非出于善意，而是出于自己的利益。"为了使自己得到最大满足，经济人不遗余力地追求利益最大化。这种欲望我们或许都能理解，但恼人的是，经济人总能做出最正确的选择，他简直不是人。

颠覆经济人概念的先行者是英国经济学家凯恩斯。凯恩斯认为，人类是社会动物，在进行决策时，人类无法每次都完美计算得失，而是经常遵从"动物精神"，以至于常常做出错误选择。我们是情绪化的，不完美的，而且容易受到一阵阵不理性情绪的影响，股市和资产市场泡沫的催生及其破灭就是不理性决策的结果。凯恩斯于 1936 年发表了《就业、利息和货币通论》。他在文中写道："人们总想做点什么，但其行为的后果往往要过很久才能显现。大多数此类决策是动物精神，也就是想要干点什么的冲动促成的，而非出于对后果的精确计算，也就是将量化的各种收益乘以相应的量化概率所得出的效用加权平均值。"

最近，经济学家开始将心理学引入其理论。这个被称为行为经济学的学派非常入时，这或许是因为人们觉得，与传统经济学理论相比，行为经济学理论更贴近现实生活中的人。比如，行为经济学家确认人们是非理性的，我们会拖延，会犹豫，而且更害怕损失。[1] 此外，我们还喜欢及时行乐，这

---

[1] 前景理论（prospect theory）认为，一定经济损失所造成的负效用，其幅度要大于等值经济收益所造成的正效用，换言之，损失一元钱带给你的痛苦，其强度要大于赢得一块钱所带来的快乐。——译者注

种倾向往往会导致过度消费（你好，汉堡包）。我们还会受到措辞的影响：同样一个问题，如果用不同的方式进行呈现，我们的选择可能就会发生改变。情绪也会影响我们的决策，特别是当我们愤怒、悲伤和兴奋或紧张的时候。澳洲人对外国难民问题进行了广泛辩论，没什么比这更能说明我们缺乏理性评估潜在威胁的能力。研究流行音乐行业的经济学家还发现，人们对于流行乐的偏好不仅取决于音乐本身，而且还取决于歌手的受欢迎程度。

　　我们是非理性的，我们遵从奇怪的行为方式，遵守各种社会规范，而且没有经济学家原来想象的那样简单。但我们的行为并非完全随机。事实证明，人们以可以预测的方式表现得非理性。我们不断重复相同的错误，因此立法机构有可能设计出公共政策来矫正人们容易犯的错误。

　　虽然人不总那么理性，但这并不意味着我们不应努力提高决策质量。虽然我们不可能总是完美权衡得失，但毫无疑问，如果我们努力的话，决策质量会相应提高。

**你在本章可能会
读到的无聊内容**

- 情绪如何对驱动商业周期起到辅助作用
- "有效市场假设"的含义
- 导致股价波动的因素
- 谁在股价下跌时抄底
- "超级明星现象"如何决定某些制作人的收入
- 导致歌星收入差距不断拉大的原因

就像在黑暗中坐过山车

人的本性之一就是明明没理由，却还要找理由。这一点在经济学家身上体现得非常充分。20 世纪 70 年代，深信人类绝对理性的经济学家发展出"有效市场假设"理论。该理论认为，无论什么时候，金融市场定价已经反映了一切现有信息，所以用它来评估经济资产价值最为恰当。一些特别热忱的支持者更进一步，他们认为，由于股票交易者还会考虑未来的发展，所以某公司现在的股价亦是其未来价值的最佳估计。由于信息自由可得，而且市场参与者完全理性，所以经济学家得出结论认为，市场泡沫是不可能产生的，而且政府不应该通过监管来干预金融市场。

全球金融危机的爆发将上述理论碾成碎片。资产泡沫的确产生了，而且不受政府监管的金融市场充斥着谎言、扭曲的事实和不正确的信息。

虽然经济学家已经不再为市场完全有效理论着迷，但我们媒体人却还沉浸其中。如果股价突然下跌，我们会马上寻找深层次原因。"股价由于美国经济衰退的可能性上升而下跌。"我们会得出这样的结论。两分钟后股价上升了，于是我们又得出相反的结论："经济衰退风险下降引发股价

50 亿澳元

澳大利亚证券交易所平均日成交额为 50 亿澳元。

第 8 位

澳洲股市的市值位列全球第 8。

1.3 万亿澳元

2011 年 7 月 31 日，澳洲股市上市公司的总市值为 1.3 万亿澳元。

2 241 家

澳洲股市有 2 241 家上市公司。

1861 年

澳洲的第一家证券交易所于 1861 年在墨尔本成立，当时淘金热正盛。

1937 年

1937 年，澳大利亚全国性的交易所合并为澳大利亚联合证券交易所（Australian Associated Stock Exchanges）

攀升。"

　　喜欢打破沙锅问到底的我们会致电券商，问业界都在传哪些正在影响股价的小道消息。"有关美国将推出 QE3 的消息不胫而走，股价随即攀升。"（QE3 指"第 3 轮量化宽松政策"，也就是说美联储为刺激经济而再次大印钞票。）但真相是，至少短期的股价波动是由市场机制决定的。如果市场里愿意出高价扫货的买家更多，股价就会上升。相反，如果市场里愿意低价出货的卖家更多，那么股价就会下跌。当然，每一笔交易都需要买家和卖家。所以，资金"流出"一说并不准确，因为它会让人误以为市场中只发生了抛售。那么谁会在股价下跌时出手抄底呢？他们主要是寻求低价筹码的战略投资者和大型机构投资者，如超级基金。

　　不幸的是，如果你用"股价因为更多人愿意扫货而上涨"作为新闻标题，没人会看你的报道。这样的标题也不能满足人们对于股价变动深层原因的渴求。虽然股价的短期波动只反映了买卖双方的群体行动方向，但其长期走势多少能够反映出相关股票的基本面信息。

　　那么股市的未来走势会如何呢？ 2011 年中期，澳大利亚央行行长格伦·史蒂文斯说，在 1995—2005 这十年里，人均实际资产价格的年均增长率为 6.7%。而在 1960—1995 年这段时间里，人均个人财富的年均增长率只有 2.6%。"我们是真的发现了一条通往财富的康庄大道，还是仅仅经历了一段不寻常时期？回过头来看，后者似乎更贴近真相。"史蒂文斯如是说。

15.3%

1933 年 3 月 15 日，道琼斯工业平均指数在《紧急银行法》通过后创下该股指单日暴涨 15.3% 的历史纪录。

22.6%

1987 年 10 月 19 日，道琼斯工业平均指数创下单日下跌 22.6% 的纪录，这一天被命名为"黑色星期一"。

1987 年

1987 年，澳大利亚股票交易所有限公司（Australian Stock Exchange Limited）成立。该所于 3 年后实现自动交易。

资料来源：

asx.com.au; wsj.com.

全球股市依然上蹿下跳，不过有一点是很清楚的：在短期内，我们很难再遇到股价每年增长 10% 以上的好光景。世界经济正在经历痛苦的去杠杆化进程，健康的经济增长要过好久才能再现。

用数字击破对于外国难民问题的偏见

近年来，坐船来到澳大利亚的外国难民不断增多。这让澳洲人很抓狂。但难民问题的热炒更多的是因为情绪原因，而非理性因素。公众和媒体无可救药地将该人道主义问题和有关人口迅速增长的争论搅和在一起。

要知道，在澳大利亚新增人口中，难民所占的比例非常小，认清这一点很重要。2010 年上半年，共有 3 575 个难民坐着 76 条船来到澳大利亚，比霍华德执政时期的 2001 年峰值少很多。但每年合法移民澳大利亚的外国人比难民多多了，他们给本地公共设施、住房和环境造成了不小压力，许多澳洲本地人士对此感到愤怒。移民与公共事务部（Department of Immigration and Citizenship）公布的数据显示，2008—2009 年度，171 320 人永久移民澳大利亚。

上面的数字并不包括通过多年签证，如 457 签证和学生签证进入澳大利亚的外国人。虽然他们最终自愿或被迫离开澳大利亚，但在长期居留期间，他们也会对本地公共设施造成压力。统计局实施的净海外移民调查包括了上述对象，如果把他们也算在内，2008—2009 年度，澳洲的净人口流入数量为 300 000 人，即所有移入澳洲的外国人（居留时间超过 12 个月）数量减去离境时间超过 12 个月的澳洲人数量。

22 380 000 人

2010 年中，澳大利亚人口约为 22 380 000 人。

456 700 人

2008—2009 年度，澳洲新增人口 456 700 人。

298 800 人

其中有 298 800 人属于净海外移民，即所有移入澳洲的外国人（居留时间超过 12 个月）数量减去离境时间超过 12 个月的澳洲人数量。

157 800 人

只有 157 800 人属于自然人口增长。

13 507 人

2008—2009 年度，澳政府批准 13 507 人以人道救援原因入境。

3 575 人

2010 年上半年，坐船入境的难民人数为 3 575 人。

5 516 人

2001 年，坐船入境的难民人数为 5 516 人，是 1976 年难民开始入境以来的峰值。

1 人

2002 年，坦帕事件爆发后（澳政府拒绝搭载 438 名被救难民的挪威货船入境），只有 1 个难民坐船入境。

48 720 人

截至 2009 年 6 月末，非法滞留澳洲的外国人约为 48 720 人。

资料来源：

abs.gov.au; Department of Immigration and Citizenship.

因为签证过期而非法滞留的外国人也超过了非法入境的难民。据估计，截至 2009 年 6 月末，非法滞留澳洲的外国人多达 48 720 人。2008—2009 年度，被移民局拘留的外国人中只有 26.2% 属于坐船非法入境的难民，因为签证过期而非法滞留，或非法打工的外国人占 34.5%。中国是不速之客的最大来源国，非法滞留者多达 5 830 人，其次便是美国，非法滞留者达 4 860 人。非法入境的斯里兰卡人只有 330 人。

媒体和没有责任感的政客喜欢炒作难民议题，但统计数据能为大家还原事实真相。

摇滚经济学：有关男孩乐队的经济学

我们这些人小时候也曾经疯狂崇拜"男孩到男人"（Boyz
II Men）、"新街边男孩"（New Kids on the Block）等团体。
最近，英国和爱尔兰的新一代男子音乐天团"单向"（One
Direction）到澳大利亚开演唱会，女孩们的癫狂程度还是把
我们这些老追星族给吓到了。

在经济学家眼里，这种疯狂很好地体现了"超级巨星现
象"。美国劳动力市场经济学家舍温·罗森（Sherwin Rosen）
于 1981 年发表了名为《超级巨星经济学》（*The Economics
of Superstars*）的论文。罗森想搞明白，为何一些行业为极
少数超级巨星所主导，他们的收入高出行业平均水平许多倍。

罗森认为，超级巨星的诞生需要两个先决条件。首先，
市场中的每个消费者都只想购买最好的产品。市场中的产品
虽然有好坏之分，但消费者却给予最佳产品极高价值，质量
略次的产品其价值大幅下降。也就是说，质量略次的产品无
法用数量来替代最佳产品，好比看两次《泰坦尼克》纪录片
依旧比不上看一次凯特和利奥演绎的惊世爱情。

超级巨星诞生的第二个条件是，最佳产品能以极低的成
本送达市场中的每一个客户。我们从未见过超级水管工，因

72 澳元

2012 年 4 月，"单向"团
体澳洲演唱会的最低票价
是 72 澳元。

1 825 澳元

易趣上，两张该场演唱会
门票的价格被炒到 1 825
澳元。

18.6 岁

该团体成员的平均年龄为
18.6 岁。

18.25 岁

1960 年，甲壳虫乐队成
立于利物浦，他们当时的
平均年龄是 18.25 岁。

26%

1982 年，最顶尖的 1%
艺人赚取了 26% 的演唱
会收入。

56%

2003 年，最顶尖的 1%
艺人赚取了 56% 的演唱
会收入。

1.61 亿美元

爱尔兰队 U2 去年的演唱会收入、唱片销售收入和歌曲下载收入分别是 1.56 亿美元、320 万美元和 160 万美元，总计 1.61 亿美元。

1.27 亿美元

美国歌手泰勒·斯威夫特（Taylor Swift）去年的演唱会收入、唱片销售收入和歌曲下载收入分别是 0.98 亿美元、0.2 亿美元和 900 万美元，总计 1.27 亿美元。

1.09 亿美元

美国歌手嘎嘎小姐去年的演唱会收入、唱片销售收入和歌曲下载收入分别是 0.637 亿美元、0.311 亿美元和 0.146 亿美元，总计 1.09 亿美元。

资料来源：

ticketek.com.au; ebay. com.au; Marie Connolly and Alan B. Krueger (2005), "Rockonomics: The economics of popular music', Princeton University Working Paper; LA Times, 'U2 is tops again in concert and music-sales revenue', 8 January 2012.

为他们只能为某一地区的客户提供服务。但是，电影和唱片的低成本制作发行让这些行业成为孕育超级巨星的沃土。体育比赛的电视转播也让广大球迷以十分低廉的成本观赏最佳选手的精湛表演，因此，像老虎伍兹这样的职业体育明星也应运而生。

如果从上述视角来看，少数个体赚取大把钞票只不过是市场中买卖双方高效互动的结果。但从社会角度来看，这真的是最优结果吗？来自世界另一头的 5 个男孩就真的比澳洲本地歌手唱得更好吗？

美国经济学家摩西·阿德勒（Moshe Adler）对罗森的观点不以为然，他认为，人们对歌手的偏好未必取决于歌手本身的才华。毕竟，衡量艺人才华的标尺并不存在。在阿德勒看来，像"单向"这样的团体之所以大获成功并非因为他们是最优秀的——人们的审美标准各不相同——而只是因为他们是最受欢迎的。

因此，超级巨星的收入并不取决于他们的才华，而是取决于他们的受欢迎程度。这是因为，消费者的欲求并不像一般经济学家假设的那样是与生俱来的，而是受社会的强烈影响。如果别人喜欢什么，我们也会情不自禁地想要得到相同的东西。

十几岁的女孩子之所以喜欢一些男子偶像团体，不仅仅因为他们长得帅气，而且还因为她们可以和自己的好友一起谈论这些明星，一起收集他们的音乐。善于造星的经纪公司就是靠这一现象赚大钱的。哪个社会群体中的个体最关注其他个体对自己偏好的看法呢？那就是女性青少年。

诸多研究显示，超级巨星效应在流行音乐领域变得越来越显著。最近被奥巴马任命为白宫经济顾问委员会主席的阿兰·克鲁格（Alan B. Krueger）曾在 2005 年和其他经济学家共同发表了名为《摇滚经济学》（Rockonomics）的文章，他们发现，正是因为新技术让音乐产品更广泛、更低廉地传播，音乐行业的造星运动才愈演愈烈。

美国音乐专业杂志《Pollstar》发布的数据显示，1982 年，也就是各类偶像团体诞生之前，最顶尖的 1% 艺人赚取了 26% 的演唱会收入。但到 2003 年，最顶尖的 1% 艺人却赚取了 56% 的演唱会收入。虽然社会的整体贫富差距在拉大，但音乐行业的贫富差距拉得更大。

技术原本应该打破束缚行业发展的枷锁，让更多有才华的艺人脱颖而出。但对音乐家来说，行业金字塔顶端的位置并不多。

冷静一下，我们应该给危机正名

哪些事情算得上危机？哪些又算不上？现在搞清这些问题是很有益处的。媒体大多用"挑战"、"争论"这些词来报道环境变化，以免给读者留下耸人听闻的感觉。但当橄榄球运动员受伤时，媒体会毫不犹豫地送出"伤病危机"这几个字。你知道吗？在澳大利亚橄榄球联赛 2009 赛季，72% 的运动员至少因为受伤而缺席一场比赛。这就是我们口中的危机。

我们只要搜索一下媒体就会发现，这个世界危机四伏。你会看到天主教性丑闻危机、住房购买力危机，而且肥胖危机和粮食危机竟然同时存在。

在过去，媒体不像现在这样滥用"危机"一词。1956 年，埃及试图国有化英国的主要贸易航线，进而引发了苏伊士运河危机。1962 年，肯尼迪和赫鲁晓夫导演的古巴导弹危机几乎把世界引向毁灭边缘。1975 年，惠特拉姆（Whitlam）政府被解散，澳大利亚发生了宪政危机。

近年来，危机泛滥。我们已经目睹了亚洲金融危机、美国存贷危机和所有金融危机的始作俑者——全球金融危机。在悉尼，我们会看到具有澳大利亚本土特色的各类危机——最值得一提的是医疗危机和公共交通危机。像地震、海啸这

5.64 亿人

印度 12 亿人口中约有一半拥有手机。

3.66 亿人

3.66 亿印度人能够享受基本的卫生设施，如厕所和洗手设施。

12 亿人

全球有 12 亿人因为习惯或缺乏卫生设施而随地大小便。

1 500 000 人

全球每年有 1 500 000 个儿童因为缺乏洁净饮水和卫生设施或因为水源管理不善而死亡。

0.002%

发达国家只需在未来 15 年省出 0.002% 的 GDP 用以解决卫生问题，那么到 2025 年，地球上的每个人就都能上厕所。

7 000 亿美元

2008 年美国金融危机救援计划的规模达 7 000 亿美元。

样的自然灾害也会催生出一系列含有危机的头条。关起门来，作为个人的我们偶尔还会遭遇身份危机或中年危机。

与此同时，联合国大学（United Nations University）发布的一份报告显示，全球有 12 亿人口因为没有厕所，只能随地大小便。许多孩子因为缺乏卫生条件，感染了通过水传播的疾病而死亡。发达国家只需在未来 15 年省出 0.002% 的 GDP，上述问题就能彻底解决。

或许我们不该如此轻率地使用危机一词。

1.12%

瑞典政府拨出 GNP 的 1.12% 用于进行海外发展援助。2009 年，这一比例为世界之最，总金额达 45 亿美元。

0.2%

2009 年，美国海外发展援助占 GNP 的 0.2%。但其绝对值为世界之最，达到 287 亿美元。

0.29%

2009 年，澳大利亚海外发展援助占 GNP 的 0.29%，总计 28 亿美元。联合国为所有国家设定的援助目标是 GNP 的 0.7%。

资料来源：

Institute for Water, Environment and Health, United Nations University, Sanitation as a Key to Global Health, 14 April 2010; oecd.org.

帮一帮市场这只看不见的手

经济学面临着来自气候变化的独特挑战：气候变化是史上程度最严重，范围最广的市场失灵。

摘自《斯特恩评论：气候变化经济学》结语，2006 年

虽然市场并非完全理性，但这并不意味着它是多余的。恰恰相反，市场在某些方面很能干，比如允许个人进行交易以增进彼此福利。但市场这只"看不见的手"（亚当·斯密用这一术语来描绘引导市场有效运作的自然力量）有时依旧需要别人帮一帮它。我们已经讨论过肥胖会制造"负外部性"问题：肥胖让社会付出一定代价，其成本并非由胖子个人全部承担。正因为部分成本转嫁给了医疗系统，所以个人容易忽视肥胖问题，容易多吃少动。此外，如果有人一大早推着割草机割草，那么他也制造了"负外部性"问题，因为割草机的噪声会搅了别人的美梦。因此，大多数地方政府制定法规，禁止此类反社会行为。

所有负外部性的鼻祖是环境污染问题。世界各国政府刚刚从睡梦中清醒过来，意识到气候变化给人类生存带来的挑战，他们还有很多艰巨的任务要完成。为了应对负外部性，

政府有三条路可以选择。第一条便是彻底禁止产生问题的活动，就像禁止在清晨割草一样。但我们很快就会意识到，用这个方法来解决污染问题不切实际。如果把所有发电厂和加油站都关掉，世界经济很快就会崩溃。政府可以选择的第二条路是直接对制造污染的公司进行补贴，让它们用这些钱清理污染，并改进工艺，减少排污。但政府应该补贴哪些公司？应该支持哪些环保技术呢？

对政府来说，解决环境污染问题的最佳方法是将外部性造成的成本内化进市场价格之中，让排污企业为气候变化造成的各种损失埋单。在理想状态下，排污企业支付的费用正好补偿其污染给社会造成的损失。但在实践过程中，我们很难对污染造成的社会成本定价。政府要么给污染制定统一价格，要么决定需要减少多少污染量，然后让排污需求来决定这部分排污量的价格。澳大利亚政府将这两种方法结合起来，最终将使用可交易的排污权市场机制解决污染治理问题。这是史上最大的经济改革之一，该进程将被写进未来的教科书。

此外，如果市场中的卖家太少，政府也要采取干预措施，因为某一家或某几家公司具有支配市场的权力，能够自行定价。在完全竞争市场中，商品的售价等于厂商多生产一个产品的边际成本。但在不完全竞争市场，企业在某种程度上能够决定商品售价。某个企业完全垄断市场的情况很少发生。少数几家企业共同控制市场的寡头垄断更加普遍。大型超市、石油公司和银行都是寡头垄断的代表。在澳大利亚，政府通过制定4大核心政策，禁止4个最大银行合并形成能够完全控制本国金融市场的超级银行。但这4大银行还是能够轻松赚取数十亿澳元，所以澳大利亚民众严重怀疑本国银行业缺乏竞争。

政府还能通过一种方式来帮助看不见的手，那就是筹资建设某些战略性公共品。公共品的服务对象是所有公民，部分公民使用公共品不会剥夺其他公民的使用机会。公共品包括教育科研投资，公共设施，如道路、港口和铁路的建设。如果把提供公共品的任务交给市场，那么没有一家公司愿意提供相关产品，但这些产品和服务能够提升公众福祉。陆克文和杰拉德政府认为，国家宽带网络就属于此类战略投资，宽带网络相当于现代的高速公路网。私有电信企业没有足够动力建设现代经济所需的大规模宽带网络，所以政府必须插手全国宽带网络的建设工作。

虽然政府有时能帮市场的忙，但政府倾向于过度干预市场，因为它认为自己能够控制整个经济。商人或许并不总是最优秀的管理者，但至少他们的动机很纯粹，那就是赚钱。政府则需要倾听众多选民团体的呼声，如果市场中的失败者具有很强的政治影响力，那么政府就不得不做出有违市场原则的事情，以保护那些团体。一家公司在行将倒闭时会向政府求助。如果政府出手保护某些公司，那就是在"选择赢家"。也许不让一些人失业看起来是一件大好事，但从长远来看，保护低效的企业可不是什么好主意。

政府的干预的确偶尔能够帮助市场这只看不见的手，但政府千万不能乱插手。

你在本章可能会读到的无聊内容

- "经济管理"一词的含义
- 碳排放交易如何治理污染
- 政府如何有效应对"负外部性问题"
- 收入效应和替代效应
- "公共品"的具体例子
- 反对"选择赢家"行业政策的理由
- 银行业寡头垄断市场结构的影响

谁主沉浮

今年的选战正如火如荼地展开。各大媒体的政治评论家都对我们说，如果候选人能让选民相信他能把经济管理好，那么他就能当选。

但大家扪心自问一下：你觉得到底是谁在主宰经济的运行呢？如果你真的想把票投给澳大利亚经济的掌门人，那么或许应该考虑央行行长格伦·史蒂文斯。2007 年选举期间，史蒂文斯违背政府意愿，硬是把利率水平提了上去，这既说明了央行的独立，又说明了民选政府在经济政策方面的彻底无能。除了史蒂文斯，你或许还可以考虑位于大洋彼岸、澳大利亚的最大贸易伙伴——中国。由于中国对澳大利亚矿产价格的影响很大，他们如果也有权在选举中表达自己诉求的话，那么将极大地影响澳洲经济。

你或许也可以给自己投上一票。毕竟，高大上的"经济"说白了就是大量个体决定何时、何地以及如何交换商品和服务，以达到互惠互利目标的过程。

但政府在制定游戏规则方面的确发挥着重要作用。市场的繁荣需要一定的规则和界限，需要买卖双方的充分参与，也离不开信息的自由流动。政府的核心功能就是对市场进行

43 周

澳大利亚工薪阶层平均需要工作 43 周时间，才能挣足购买一辆 4 门宝马 320i 轿车的钱。

78 周

15 年前，购买同一档次的轿车，工薪阶层需要工作 78 周。

10.3%

2009 年 3 月—2010 年 3 月，中国经济的增长率为 10.3%，前一年，这一数字是 11.9%。

160 个

中国人口超百万的城市至少有 160 个。

11 728 人

西澳大利亚的皮尔巴拉（Pilbara）有很多矿，该地区卡拉瑟镇（Karratha）的人口只有 11 728 人。

880 000 澳元

2010 年，卡拉瑟和附近的丹皮尔（Dampier）的房价均值是 88 万澳元。

改革，以使其符合民众的最大利益。我们应该在这方面评判候选人提出的施政纲领。

　　政客们让我们觉得他们能够掌控经济，而他们的对手则利用这一点，瞅准机会，对其实施致命打击。夸海口的政客一旦当选，苦日子就已经在前头等着他们了，因为人们会把各种经济问题都归咎于他们。无论是利率攀升，还是信用卡欠款无法还清，人们都会觉得这是民选政府官员的错。

1 545 公里

卡拉瑟距离珀斯 1 545 公里。

33%

近期准备申请信用卡的个人中，有 33% 的年龄介于 18~34 岁。

20%

信用卡持卡人有 20% 准备提高信用额度。

资料来源：

Australian Bureau of Statistics, 2006 Census; CIA World Fact Book; Dun & Bradstreet's Consumer Credit Expectations Survey; speech by the Foreign Minister, Stephen Smith, to the ANU College of Asia and the Pacific, July 2010; RP Data.

效率和公平无法兼得

131 300 澳元

2008 年，在澳大利亚的工作人群中，最富有 10% 的人口其平均收入是 131 300 澳元。

13 700 澳元

2008 年，在澳大利亚的工作人群中，最贫穷 10% 的人口其平均收入是 13 700 澳元。

60%

1981 年，澳大利亚个人所得税最高累进税率为 60%。今天，该税率为 45%（外加 1.5% 的医疗保险金）。

10 倍

2008 年，澳大利亚最富有的 10% 人口与最贫穷的 10% 人口相比，前者的收入是后者的 10 倍。

8 倍

20 世纪 90 年代中期，澳大利亚最富有的 10% 人口与最贫穷的 10% 人口相比，前者的收入是后者的 8 倍。

　　我喜欢把自己归为再分配市场自由派。这可能就是为何我在各种聚会场合都很受欢迎的缘故吧。人们总是就到底应该让市场，还是让政府发挥主导作用这一问题争论不休。在我看来，两者都有作用，都不可或缺。

　　全球金融危机已经彻底证明市场不是万能的，它需要政府为其制定一些界限。随后爆发的欧债和美债危机又证明，如果失去了市场的活力，政府也不能发挥很好的作用。所以，在市场和政府之间，我不会选边站。但问题并非那么简单。再分配市场自由主义一词是由英国经济学家约翰·凯（John Kay）首先提出的，其含义就是市场和政府各有各的好。市场是一种很好的机制，无数个人可以自主交易以提高彼此的福祉。虽然市场看似无序，但某种高度协同却诞生于这种无序。正如我们已经看到的那样，亚当·斯密称其为"看不见的手"。

　　一般来说，如果政府打算一手包办，剥夺个人的经济决策权力，打算完全掌控经济，最终肯定会走向失败。虽然市场通常是分配资源的最有效途径，特别是在政府为其制定特定规则时，但它在促进公平方面却不是那么有效。

如果我们想获得公平，那么就只能向政府索取了。占
领华尔街运动的根本目的其实就是逼迫政府行动，还民众
以公平。在过去几十年里，西方社会的确变得越来越不公
平，贫富差距越拉越大。经济合作与发展组织发布了一份
名为《社会分裂：为何社会变得越来越不公平》（*Divided
We Stand: Why inequality keeps rising*）的报告。该报告指
出，在该组织成员国中，现在的贫富差距是 30 多年来最大
的。虽然德国、丹麦和瑞典等国社会在历史上是比较平等
的，但它们的贫富差距也在拉大。20 世纪 80 年代，如果将
这些国家最富有的 10% 国民和最贫穷的 10% 国民相比，前
者的收入是后者的 5 倍。但在今天，这一差距已经上升到
了 6 倍。在现今的美国，该比值高达 14 倍，澳大利亚则是
10 倍，比经合组织成员国的均值 9 倍略高。所以，虽然美
国民众最早发起了占领华尔街运动，但相似的运动却在全
球范围内不断发生。

在所有被调查的国家里，政府都使用税收来调节富人和
穷人的收入。这看似有点像罗宾汉的劫富济贫，但政府只是
用转移支付的方法让穷人享受社会发展的成果。那么澳大利
亚在这方面做得怎样呢？

经合组织注意到，自 20 世纪 80 年代以来，政府的转移
支付功能不断弱化。先前个人所得税最高级别的累进税率
是 60%，而现在的这一税率只有 45%（外加 1.5% 的医疗保
险金）。与此同时，最高累进税率的征收门槛又在不断抬高。
这部分是因为通货膨胀让人们的名义收入不断增加，如果不
提高征收门槛，民众的税负就会加重。不过，穷人收入（其

8.8%

2008 年，澳大利亚最富
有的 1% 人口其收入占国
民收入的 8.8%。

4.8%

1980 年，澳大利亚最富
有的 1% 人口其收入占国
民收入的 4.8%。

185 亿澳元

自 2010 年 9 月以来的 12
个月内，博彩消费，包括老
虎机、赌马、赌场和彩票消
费，总额为 185 亿澳元。

23%

通过转移支付，澳大利亚政
府将本国的贫富差距缩小
了 23%，该比例和经合组
织成员国的平均水平相当。

资料来源：

Organisation for Econo-
mic Co-operation and
Development, Divided We
Stand: Why Inequality
Keeps Rising, 5 Decem-
ber 2011.

中有很大一部分是政府派发的各种津贴）的增长并没有跟上收入的平均增长幅度。这进一步拉大了贫富差距。

我们现在应该多宣传再分配市场自由主义，唯有这样，贫富差距才能逐步缩小。

云里雾里的碳排放定价问题

让大型排污者为他们制造的污染支付费用。这是所有排放交易机制的核心思想。有关碳排放定价的争论充斥着诡辩之辞、官样文章和各种晦涩难懂的术语。碳排放交易机制、碳排放税、碳排放价格，这些难以理解的概念让人摸不着头脑。到底是谁造成如此混乱的局面？是别有用心的政府，还是无能的碳排放交易机制倡导者？这些问题的答案我们无从得知。

我们确定的是，联邦议会 2011 年通过的 18 项有关碳排放的法案只意味着一件事情：澳大利亚长大了，他开始为自己造成的后果负责。经济学家将此类量化隐性成本的行为叫做"给外部性定价"。

我们曾经提到过，所谓的外部性是指这样一种现象：某些个体的行为所造成的后果由社会的其他成员承担。行为当事人不直接为自己的行为付出成本，但相关成本最终由社会的所有成员间接承担。由于这些个体不用付出代价，所以他们倾向于做更多损人利己的事，社会的整体福利随之下降。就拿碳排放造成的污染来说吧，气候变化带来的种种恶果，如全球变暖、干旱增多、海平面上升，将由全世界人民共同承担。

578 兆吨

2009—2010 年度，澳大利亚向大气排放了 578 兆吨二氧化碳。

679 兆吨

如果不加以限制，到 2020 年，澳大利亚的年碳排放量将达到 679 兆吨。

1 008 兆吨

如果不加以限制，到 2050 年，澳大利亚的年碳排放量将达到 1 008 兆吨。

621 兆吨

如果政府实施清洁能源计划，那么到 2020 年，澳大利亚预计每年排放 621 兆吨二氧化碳，比不加限制的排放量减少 58 兆吨。

545 兆吨

如果政府实施清洁能源计划，那么到 2050 年，澳大利亚预计每年排放 545 兆吨二氧化碳，几乎只有不加限制时排放量的一半。

从 2012 年 7 月 1 日起，澳大利亚最大的 500 家碳排放企业将被迫为自己排入大气的二氧化碳购买碳排放权。起初的价格是 23 澳元 / 吨，在随后的两年里，价格的年增幅是 2.5% 外加通胀率。碳排放权交易的全部所得将转入国库。政府会把一半收入补贴给家庭，因为高耗能产品和服务的价格会有所上升。

碳排放交易机制实施的第二阶段从 2015 年 7 月 1 日开始，从此以后，政府将不再规定碳排放权的价格，而只是限定市场上碳排放权的数量。和我们熟知的抢椅子游戏一样，市场上的排放权数量将逐步减少，这样政府就能确保减排目标的实现。排污企业将竞价争夺剩余的排放权。这样，排放权的价格将由市场供需决定。

如果一家企业采用了对环境更加友好的生产工艺，进而减少了碳排放量，那么就可以把剩余的碳排放权卖给其他高能耗企业。因此，所有排污企业都有减少排放的动力，一方面，它们可以少支付高昂的排放费用，另一方面，它们还可以将剩余的排放权售出赚钱。在碳排放交易机制实施的第二阶段，澳大利亚企业还能从海外购买排放权。这可不是作弊，这种安排让澳洲企业有机会分享其他国家减排努力所获得的成果，让我们为实现全球减排目标少付出一点代价。

上述安排对减少碳排放到底有没有用呢？当然有用。2009—2010 年间，澳大利亚国内年碳排放量是 578 兆吨（百万吨）。如果不加以限制，到 2020 年，本国年碳排放量将达到 679 兆吨，到 2050 年，这一数字将进一步增加到 1 008 兆吨。如果实施上述碳交易机制，那么在减去从海外

527 兆吨

如果澳大利亚从海外购买碳排放额度，那么到 2020 年，我们的净碳排放量将是 527 兆吨，比不加限制的排放量减少 152 兆吨。

111 兆吨

如果澳大利亚从海外购买碳排放额度，那么到 2050 年，我们的净碳排放量将是 111 兆吨，比不加限制的排放量减少 897 兆吨。

11%

如果澳大利亚实施洁净能源计划，并从海外购买碳排放额度，那么到 2050 年，我们的净碳排放量将只占不加限制排放量的 11%。

17 000 兆吨

从现在到 2050 年，清洁能源计划的实施将让澳大利亚总计减少 17 000 兆吨的二氧化碳排放。

资料来源：

Treasury's carbon price modelling, available at treasury.gov.au.

购买的碳排放量之后，澳大利亚的净碳排放量将在 2020 年减少至 527 兆吨，在 2050 年减少至 111 兆吨。所以，澳大利亚 2050 年的碳排放量将比不加限制时的排放量减少 90%。

　　碳排放交易机制的作用由此可见一斑，但它需要时间慢慢发挥作用。

让人笑，而不是让人哭的碳排放税

每个人都有免费糖果吃！任何一个合格的学生组织领袖都知道，如果你想赢得学生的心，那么就必须先填饱他们的胃。

7.8 澳元

据估计，在碳排放税实施的第一年，澳大利亚每个家庭每周将为各种产品和服务，如水电、食品等多支出 7.8 澳元（已包括汽油补贴）。

在玩政治的时候，成人瞄准的是胃部下方的裤兜。杰拉德总理和气候变化部长格雷格·康贝特（Greg Combet）就是这么干的。2011 年初，他们在为碳排放税做宣传时声称，数百万家庭将因为这项新税种而在经济上得益。这是一项让人笑而不是让人哭的碳排放税。他们之所以说这番话是因为坊间流传着一种说法：征收力度如此大的新税种将推高一切商品的价格，无论是芒果，还是曼陀林都无法幸免。

0.7%

财政部预测模型显示，如果政府实施陆克文提出的碳排放交易机制，那么在实施的第一年，物价将上涨 0.7%。

6%

商品及服务税于 2000 年开征后，物价上涨了 6%。

值得一提的是，虽然污染大户所缴的碳排放税中有一部分将流入百姓的钱包，征收碳排放税而导致的物价上涨将得到部分缓解，但高耗能产品和服务，如电力的价格依然会持续上涨。因此消费者会选择尽可能少消费此类产品。经济学家把这一现象称为"替代效应"。即便政府补贴减轻了家庭可支配收入减少的"收入效应"问题，但"替代效应"还是会持续发挥作用。

800 澳元

每吨钢材的现价是 800 澳元。

2.6 澳元

政府估计，钢铁企业每生产一吨钢将支付 2.6 澳元碳排放税。

当然，如果政府花钱补贴家庭，那么受碳排放税影响最大的企业从政府那里获得的产业升级补贴就会减少。普通家

0.325%

碳排放税大约是钢价的 0.325%。

庭已经拿到了免费糖果，排污大户自然也希望政府能为它们提供相应的好处。但对杰拉德政府来说，到底给这些企业发放多少补贴是个棘手问题。她被夹在大企业和环保组织之间，左右为难，因为只要有办法，环保组织就不会让这些排污大户拿到一个子儿。

政府正身处险境。他们兜售碳排放税的主要诉求点是这一新税种没有伤害。但至少在短期内，碳排放税的征收会改变企业的生产方式，会增加其生产成本。但我们必须将作为的成本和不作为的成本相比。如果你接受绝大多数气候科学家得出的研究结论，那么海平面上升、频发的干旱和其他天灾将让我们付出巨大的代价。

虽然减缓气候变暖对每个人都有好处，但不幸的是，没有国家愿意先行一步，因为谁先采取行动，谁的眼前利益就会遭受损失。此外，减排行动将更多惠及后代，因为他们将承受气候变化所带来的恶果，我们这一代所获得的直接利益反倒没那么多。征收碳排放税是一个有关为子孙后代做出牺牲的问题，而不是一个谁获得免费糖果的问题。

2 500 澳元

每吨铝的现价是2 500澳元。

18.7 澳元

政府估计，企业每生产一吨铝将支付18.7澳元碳排放税。

0.748%

碳排放税大约是铝价的0.748%。
* 以碳排放税每吨20澳元计算。

资料来源：

abs.gov.au; Minister for Climate Change Greg Combet, address to National Press Club, 13 April 2011; Treasury Executive Minute, Preliminary Carbon Price Household Price Impacts, 11 February 2011, available at treasury.gov.au.

宽带计划虽无细节，但有愿景

357 亿澳元

据预测，全国宽带网络项目将耗资 357 亿澳元。

271 亿澳元

其中有 271 亿澳元由政府注资，其余款项通过发债筹集。

138 亿澳元

澳洲电信将向该项目出售价值 138 亿澳元的资产。

2021 年

该项目预计在 2021 年实现盈利。

2034 年

全国宽带网络公司将于 2034 年归还政府全部投资。

5.41%

去年，10 年期债券的平均收益率是 5.41%，这是全国宽带网络项目的投资回报底线。

19%

2012 年，1 090 万家庭和办公室中将有 19% 接入该高速网络。

全国宽带网络公司（NBN Co）的 400 页商业计划书可以浓缩为 36 页，而这 36 页又可以用 10 个数字加以说明，其实在这份浓缩版的文件里也只有 10 个数字。这么宏大的一个项目能够被概括为 10 个数字，这实在是有点简单得离谱。

好吧，这份文件其实还是有点料的。不过，你要读到第 27 页才能看到有关建设成本的内容。据预测，该项目将耗资 357 亿澳元，比原来预计的 430 亿澳元少了许多。政府将注资 271 亿澳元，剩余建设资金将通过发债筹集。全国宽带网络公司允诺，该项目的回报率将高于相关债券的长期融资成本。当然，如果连这点要求也达不到的话，他们也别干了。公司预计在 2021 年开始盈利，开始向政府支付红利，并最终在 2034 年归还政府全部投资。

如果一切顺利，该项目的前景还是非常诱人的。但有一点很容易被忽视，那就是该公司的经营环境充满了变数，而且许多外部因素根本不在全国宽带网络公司掌控范围内。

如果说得更加直白一些，所谓的"充满变数"其实就是"混乱无序"。全国宽带网的未来至少受到 4 大因素的影响：

澳洲电信股东（澳洲电信能否将资产出售给该项目需要得到股东的批准）、反垄断监管机构（网络的覆盖范围和服务定价必须得到监管机构的批准）、议会（混乱无序是该机构的常态）和家庭用户（是否接入新网络的决定权在他们手里）。

　　我们最感兴趣的是该项目到底能给大家带来一个怎样的未来。如果项目计划书所描绘的前景能够实现，那么我们将生活在一个截然不同的世界里。那时候，固定电话将被像 skype 这样的网络电话完全取代，电视节目将以数据流的形式通过网络传送到你家，电视频道的数量也将显著增加。该宽带网络将在 10 年后投入运营，谁知道那时的人们又能借助这一全新设施搞出什么新花样。毕竟，在 10 年前，我们中的许多人才刚开始注册电子邮箱。

　　我们需要用更多数字来丰富全国宽带网络计划的内容，来确保纳税人的钱花在了刀刃上。不过，政府应该向公众阐明该信息高速公路的各种美好应用前景。

1 000 兆

阿尔卡特公司预测，到 2018 年，网络用户对宽带网的带宽要求将提升至 1 000 兆。

100 兆

全国宽带网络公司所设计的用户带宽是 100 兆，目前澳大利亚网络的平均带宽为 1 兆。

资料来源：

NBN Co Business Case Summary, November 2010.

享受王室礼遇的澳大利亚汽车制造业

1 650 万英镑

2009—2010 财年，康沃尔公爵领地的不动产让查尔斯王子获得 1 650 万英镑收入。

146.5 人

为查尔斯王子及其家人服务的全职工作人员平均有 146.5 人，其中包括侍者、园丁、农夫和办公职员。

10.4 厘米

威廉王子在霍尔斯沃西兵营靶场打靶，其弹着点距离靶心的最远距离为 10.4 厘米。

15 厘米

该成绩好于英国步兵的射击标准，即 15 厘米。

7 年

麦肯·腾博（Malcolm Turnbull）领导澳大利亚共和运动已经有 7 个年头。

94 亿澳元

2007—2008 财年，政府通过关税壁垒、直接投资、税收优惠和其他举措向澳大利亚本地行业业投入 94 亿澳元。

 威廉王子于 2010 年初到访澳大利亚。虽然有人希望，这位王室成员的到来会激发人们对于君主制的厌恶和对共和制的热情，但他们的希望看来是落空了。民众对这位英国王位第二继承人好感颇多，认为他是个不错的青年。威廉王子的脸上时常带着笑容，他和孩子们亲切交谈，也没谢顶，而且还想在澳大利亚置业！如果他说话的时候不带英国贵族腔，那么应该会在澳大利亚很受欢迎。

 当然，威廉王子代表的王室和澳大利亚人的现代生活并无瓜葛。但我们视其为无害的累赘，只要一有机会，我们就会礼貌地废止王室享受的特殊待遇。我们真的会动手，或许可以在英国女王过世后进行公投。澳大利亚人一贯认为自己是强壮且具有独立精神的革命者。但事实上，我们非常安于现状。只需看看政府制定的产业政策，我们就会明白，澳大利亚人很乐意让一些根本不够格的人享受特权。

 就拿汽车行业来说吧。面对海外厂商的低成本优势，澳大利亚本土汽车制造商举步维艰。但只要一提到汽车，我们就会变得感情用事。千万不要试图让年轻人和他们热爱的皮卡分开。2008 年，看重本土制造的陆克文宣布实施总价 62

亿澳元的汽车制造业振兴计划。但经济学家认为，虽然该计划在短期内能够挽救一定数量的就业岗位，但由于资源无法自由流向最具生产效率的行业，因此从长远看来，我们将错过增加更多就业岗位的良机。

让我们再来看看银行业。虽然赚取了几十亿澳元的丰厚利润，但银行还是哭爹喊娘，说自己的融资成本不断增加。对深陷全球金融危机泥潭的银行业，政府倒是非常慷慨大方：政府保证市场流动性不会枯竭，并且允许西太平洋银行（Westpac）与圣乔治银行（St George）合并，批准澳洲联邦银行（Commonwealth Bank）与西澳银行（BankWest）合并。

政府就是如此尊敬银行业和汽车业，即便他们的魅力根本无法与威廉王子相比。

200 亿澳元

生产力委员会（Productivity Commission）计算，2008年7月1日至2009年5月，陆克文政府向本地产业追加投入200亿澳元。

62 亿澳元

陆克文政府对澳洲汽车行业援助的规模达到了62亿澳元。

12.6%

澳洲汽车制造业的温室气体排放量占全国总排放量的12.6%。

资料来源：

fcai.com.au; princeofwales.gov.uk; Productivity Commission, Trade and Assistance Review 2007-2008; republic.org.au; smh.com.au.

该是进行成熟辩论的时候了

如果有政客号召大家就某一问题进行"成熟的辩论"，那么大家要小心了。经验告诉我们，此后进行的辩论往往是最愚蠢的。2010 年 10 月，在野党负责财政事务的议员乔·霍基（Joe Hockey）号召大家"就银行业的未来进行成熟的辩论"。霍基没工夫和大家认真讨论阻止储备银行不断升息举措的细节，他只是大叫一声：我们该做点什么了！

对于霍基的言论，现任政府财政部长韦恩·斯旺（Wayne Swan）勃然大怒，他认为霍基的想法"攻击了支撑澳大利亚经济繁荣的支柱，所以也就是对经济繁荣本身的攻击"。这些所谓的支柱的确很能赚钱，据预测，在过去一年里，澳洲四大银行将获得 200 亿澳元的现金利润。

这场讨论进行得如火如荼。在此期间，央行释放的信息是，"银行最近数月的融资成本相对比较稳定"。我们可以用大白话来翻译这句话："银行想找借口上调利率？门儿都没有。"

这场辩论虽然声势浩大，但却没有深入剖析，全球金融危机后，澳洲四大银行垄断银行业的问题。在其第一任期中，陆克文—杰拉德政府嚷嚷着要向小银行和非银行金融机构提供 160 亿澳元的资金支持，以促进银行业竞争。但其"银

10.44 亿澳元

澳洲四大银行每年的广告费用高达 10.44 亿澳元。

9.97 亿澳元

澳大利亚广播公司，包括广播电台和电视台，每年的总预算为 9.97 亿澳元。

4.75 亿澳元

2008—2009 财年，澳洲联邦银行的广告费为 4.75 亿澳元，是第二名澳洲国民银行 2.19 亿澳元广告费的两倍。

72%

72% 的受访民众认为，四大银行的市场支配权力太大了。

66%

66% 的受访民众在过去一年里收到过不请自来的信用卡办卡邀请。

43%

43% 的受访银行雇员认为银行逼迫自己努力放贷，即使客户没有贷款意愿，或者可能无力偿还贷款。

行更换计划"推出得过于仓促，这使得银行储户犹豫不决。

　　如果没有竞争，贷款利率就不会降下来。但只有当储户能够用脚投票时，竞争才会存在。更换银行不像在超市里换一个牌子的洗衣粉那么简单。在另一家银行开设账户，然后将所有存款转过去，并告诉相关人士自己的收款账户变更了是一件很麻烦的事情。难怪在现实生活中，更换银行的人很少，每年大概只有3%的银行账户搬家。

　　一场有关银行的成熟辩论一定不会落下这样一个议题，那就是让银行账号变得和手机号码一样和运营商脱钩。所有交易从一开始就和某个特定账号挂钩，而不是和银行挂钩，这样你就可以很方便地带着这个账号投入另一家银行的怀抱。此外，让澳洲邮政开设零售银行业务也是促进竞争的不错选择。

3%

每年大概有3%的储户更换银行。

200 亿澳元

四大银行过去一年的预期净现金利润总计200亿澳元。

116 亿澳元

2008年，企业和个人客户总计支付了116亿澳元的银行服务费。

资料来源：

apra.gov.au; Australia Institute, 'Money and power: The case for better regulation of banking'. August 2010; Finance sector Union survey, April 2010; rba.gov.au.

底线和其他烦人的税收问题

我们不能和对手一样，掉进把政治变成会计数字的陷阱。政府预算报告能展现我们对哪些议题给予优先考虑，能反映出我们的道德观。

摘自《邮编：一个国家的分裂》（*Postcode: The splintering of a nation*），韦恩·斯旺，2005

我们已经看到，政府可以通过干预措施来提高市场的运行效率。但当政府对特定活动课税时，人们进行此类活动的激励因素就会不可避免地被改变。假如某项活动对个人有益，一旦政府对其课税，人们就可能不再进行此类活动。经济学家称这种损失为无谓损失（我已经在有关送礼缺陷的章节中谈到过无谓损失）。这就是政府干预的分量，如果它一直压着"看不见的手"，那么市场将十分难熬。因此，经济学家建议政府尽力采取措施，减小此类损失，比如不对经济活动课税，而是对不可移动的财产，如土地征税。

政府的另一大职责是确保社会公平。虽然经济学家对于如何提高效率很在行，但他们无法就以下问题给出确定答案：将富人的累进税率提高到 45%，而穷人的累进税率维持在

30% 是否公平？财富再分配问题的求解离不开伦理学家和社会学家的参与。但在实践中，我们把相关问题交给政治家去决策。如果社会对他们制定的分配方案感到不满，政治家将负最终责任。不幸的是，这套系统为政治操控打开了方便之门，政府可以通过满足特定选民群体的诉求来收买选票，这种做法叫做政治分肥。

经济学家将有关政府征税和消费的政策称为"财政政策"。政府可能为了影响特定行为而对其征税，比如对酒征收"罪孽税"，政府也可能通过实施财政政策来改善经济运行效率，也就是进行微观经济改革。最近，民众呼吁政府出手稳定经济。全球金融危机爆发后，个人消费者对于商品和服务的需求大幅缩减，政府则加大采购和投资，用公共需求来弥补个人需求的缺口。

放眼全球，澳大利亚政府目前的财政政策可以说非常成功。为了防止澳洲经济因为全球金融危机而陷入衰退，钱包鼓鼓的陆克文政府宣布实施规模达 1 000 亿澳元的经济刺激计划。该计划的具体内容包括向国民派发现金，对购房者和地方政府提供补贴，对家庭节能环保项目，如隔热层安装等提供退税，此外，政府还向学校、医院、道路、铁路和港口等公共设施的建设投入数十亿澳元。加上降息和来自中国的大单，澳大利亚成为少数在这场风暴中全身而退的发达国家。在各国财经高官召开会议的时候，韦恩广受赞誉，与会者很想知道澳大利亚是如何做到这一切的。韦恩就像学校里的书呆子，虽然平时无人理睬，但却一鸣惊人，赚了个盆满钵满。澳大利亚的财政状况非常健康，位于世界前列。

但我们不能懈怠。澳大利亚正面临人口老龄化的威胁。州政府和联邦政府都需要想办法增收，以支持要求不断增多的人口。维持财政的长期平衡将是一个更为艰巨的任务。

你在本章可能会读到的无聊内容

- 记者在联邦预算闭门通气会上能吃到什么点心

- 家庭预算和政府预算有何差别

- 政府为何必须借债以弥补预算赤字

- "反周期"财政政策的作用

- "税式支出"的含义

- "累进税"和"累退税"的差别

联邦预算闭门通气会内幕

6 小时

预算案于晚上 7 点 30 分公布，在此之前，记者们将被锁在议会大厦内，用 6 小时时间阅读整份报告。

3 140 亿澳元

2010—2011 财年，联邦政府预计能够获得 3 140 亿澳元收入。*

3 550 亿澳元

该财年，联邦政府的预算开支是 3 550 亿澳元。

43%

43% 的政府税收来自个人所得税。

20%

20% 的政府税收来自税率为 30% 的企业所得税。

15%

15% 的税收来自商品和服务税，这些收入全部转移给地方政府。

32%

32% 的政府开支被用于社会福利，这是最大的开支项目。

堪培拉夜晚的气温已经降到了冻人的零下 2 度，议会大厦庭院里有许多经过修剪的树木，它们的树叶已经由绿变红。联邦预算时间就要到了。

5 月的第一个星期二，澳大利亚全国的记者向朝圣者一样涌向首都，参加联邦预算闭门通气会。会场充满了节日气氛，就好像一个大家族欢度圣诞节一样，多日不见的老朋友交流彼此的近况，平时势不两立的新闻集团也暂时握手言和。通气会于下午 1 点 30 分开始。记者纷纷聚集到会场门口，签署保密协议，承诺在晚上 7 点 30 分之前，也就是财长发表预算演讲之前，不向外界泄露任何有关预算的信息。

会议开始后，工作人员向记者分发厚厚的预算报告。每个记者都拿到一个时髦的帆布包，里面装着相关文档（好吧，我必须承认，这只是一个印有政府徽标和"预算"字样的普通帆布包）。通气会召开前的数周时间里，各路记者可谓是八仙过海，各显神通，他们想尽办法，动用各种渠道打探有关预算的内幕消息。这下，他们终于可以如愿以偿，看到预算真身了。刚拿到文件时，记者们心头一阵窃喜，因为他们会先于绝大部分人得知预算的具体内容。但这种欣喜很快就被紧张情绪所代替，记者们好像又回到了高考考场，而且要一次做完所有科目的试卷。

记者们抱着预算案各就各位，会场很快就安静了下来，有人时不时叹道："他们增加了效率红利，这些卑鄙的家伙。"或是说："外出工作的母亲这下可以拿红包了，政府将实施全新的养育子女退税政策。"大约一个小时后，起草预算案的政府官员出场，焦虑地和媒体打招呼，他们的潜台词是："兄弟姐妹们，你们对本预算案是投支持票，还是投反对票？"财政部长会在另一个房间召开正式新闻发布会，然后挨个征询新闻界重量级人物的意见，并试图让他们相信这份预算案十分高明。一份预算案就是一个愿景，是有关未来的一个大胆战略。

会场工作人员适时端出一盘盘糕点供记者享用。而记者们则在奋力翻阅预算报告，希望能在这一堆堆文字和数字中找到猛料。五六点钟时，会场里到处都是记者疯狂敲击键盘的声音。7 点 30 分，一切都结束了。各大平面媒体的相关报道被发送至位于各州首府的出版总部。拿回手机的记者们忙着给各相关方打电话，反对党、商界、福利机构以及游说群体将根据他们的汇报，对预算案迅速做出反应。打完仗的记者们也终于能够在堪培拉的小馆子大吃一顿，庆祝今年的联邦预算闭门通气会胜利闭幕。

财政部长当然可以在下午 1 点 30 分就发表预算演讲，记者们也不用这么大费周章地闭门奋斗一下午。但除了省下记者们的时间精力，省下一定数量的会议费以外，这么做还有什么乐趣可言呢？

16%

16% 的税收被用于医疗。

9%

教育经费占政府税收的 9%。

* 所有有关 2010—2011 财年的数字均来自联邦政府 2010 预算报告。

资料来源：

Australian Government Budget 2010-11, 11 May 2010.

未雨绸缪

如果你有权制定联邦政府预算，你会平衡预算，堵住政府的开支漏洞，并归还政府债务吗？好好想一想。政府预算不同于家庭预算，相较于后者，它拥有一些特别的优势。

首先，政府永远不会死。个人的生命会终结，但政府不会。这意味着，政府账务不像个人账务那样，有清账的一天，它不用担心自己资不抵债，必须把债务留给小辈。

其次，政府永远不会失业。家庭债务清偿的最大风险是个人因为失去收入来源而无力偿还债务。政府的收入源于个人和企业的收入。虽然税收会增加或减少，但永远不会完全消失，天不会塌下来。

再者，政府可以随时给自己加薪。拥有收税大权的政府可以随时立法提高税率或增开税种，以增加收入，偿还债务。这是不是大家梦寐以求的好事？

最后，如果经济出了问题，银行会争相以低廉价格把钱借给政府。2011 年中期，澳大利亚政府以 4.4% 的低利率获得了数亿澳元借款。同期的可变利率房贷平均利率却高达7.8%。

1.2 万亿澳元

澳大利亚自住房和投资房房贷规模为 1.2 万亿澳元。

7.8%

2011 年中期，可变利率房贷的平均利率水平为7.8%。

1 070 亿澳元

据估计，到 2011 年中期，澳大利亚国家债务规模将达到峰值 1 070 亿澳元。

7.2%

澳大利亚政府债务规模相当于其国内生产总值的7.2%。

4.4%

澳大利亚长期国债利率为4.4%。

72%

2011 年，美国政府债务规模相当于其国内生产总值的 72%。

2%

2011 年中期，10 年期美国国债的利率只有 2%，创1954 年以来的最低水平。

美国政府的融资成本更低。2011 年中期的某个时点，10 年期美国国债的利率只有 2%，创 1954 年以来的最低水平。英国 10 年期国债的利率水平则跌至 2.24%，创 1890 年以来（维多利亚女王执政时期）新低。

危机发生时，各路资金纷纷涌向国债避难。由于投资选项数量骤减，投资者愿意接受极低的利率水平。当然，经营不善的政府，如希腊政府则必须以高利率来吸引资金。2011 年中期，希腊国债的利率曾高达 16%。

几乎所有经济学家都认为，政府财政必须在较大时间跨度内基本维持平衡。要是没有这一限制条件的话，政客们一定会大手大脚地花钱以赢得选举。但就短期而言，政府不应该在经济下行时期维持财政平衡。优秀的政府会实施"反周期财政政策"，也就是在经济不景气时多花钱，以刺激经济增长，而在经济过热时收紧银根，积聚能量以备不时之需，同时控制通胀水平。

当然，这只是理想情况，因为政客们喜欢花钱，而不是存钱。我们应该未雨绸缪，而不要在经济不景气时才想到修补政府债务漏洞。下次你听到在野党政客发表演说，描述政府债务危害时，就能做出客观评价了。

152%
希腊政府债务规模相当于其国内生产总值的 152%。

16%
希腊国债的利率高达 16%。

资料来源：

aofm.gov.au: budget.gov.au: imf.org; rba.gov.au.

用实惠来讨好选民

150 万澳元

工党允诺，如果赢得 2010
年选举，那么将斥资 150
万澳元为达尔文小轮车越
野赛修建赛道。（边缘选
区：所罗门，占选票总数
的 0.2%，席位目前由工党
占据）

10 万澳元

与此同时，朱莉·毕晓普
（Julie Bishop）允诺，如
果选民选择自由党，那么
她将亲自铲除所罗门的海
蟾蜍。（边缘选区：所罗
门，占选票总数的 0.2%，
席位目前由工党占据）

10 万澳元

如果当选，工党将花费 10
万澳元为新南威尔士的
温莎购物中心安装全新的
监视和照明系统，顾客将
不必再担心购物的安全问
题。（边缘选区：麦考瑞，
占选票总数的 0.3%，席
位目前由工党占据）

13.3 万澳元

悉尼的莱德医院将新添一
台心电图仪，创伤科床位
也将增加。埃平至帕拉玛
塔的铁路线也将修建。（边
缘选区：贝尼隆，占选票
总数的 1.4%，席位目前
由工党占据）

选举时，当两大阵营势均力敌，谁都没有绝对胜算时，少数能够左右选情的所谓"边缘席位"就会受到极大重视。这些席位所代表的选民自然就能享受很多实惠。如果你有幸住在边缘选区，那么就会发现，社区的体育、餐饮、医疗和安全设施往往是新建的。拉响汽笛的新型火车则往来于你所在的城市和其他地区。现在就是政客们用各种实惠收买选民的魅力时刻，他们穿梭于各个边缘选区，敲开各家的门，拜访选民。不过和万圣节的传统不同，拿到糖果的不是那些敲门的孩子，而是被敲开门的选民。

虽然许多民众抗议政府乱花钱，但在 2010 年的选战中，各方还是用多种实惠作为俘虏选民的诱饵（保罗·基廷抢走了所有头条，难道不是这样吗？）。一些没有看清时局的家伙在选战开始之际笑话我，说我认真记录选举两大阵营对选民许下的各种诺言是白费劲，因为政府预算已经赤字，所以政客们只能用为选民住房加装隔热层，以及修缮学校礼堂等没有实质内容的承诺来诓骗选民。

选战一开始，《悉尼先驱晨报》就不停地记录政党联盟和工党对选民许下的各种承诺。截止选举正式投票的前一周，这份清单上已经记录了近300项承诺。一些承诺已经在实施，一些承诺将延伸至下届政府卸任后的遥远未来，如果我们把它们都算在内，那么工党所有承诺的总价值达到200亿澳元，政党联盟承诺的总价值则高达450亿澳元。不过，工党和自由党分别为未来4年预算筹措了30亿澳元和390亿澳元。两党均允诺用新税收来填补资金缺口。

听起来不错，是吗？如果你不介意政府把你辛苦挣来的血汗钱用于边缘选区的各种本地项目，不介意政府用这些项目来收买人心的话，那么你的确不用太在意这些钱是怎么花的。

225 万澳元

工党允诺在当选后给维多利亚州旺东镇的1500位居民修建"黑色星期六"体育场。（边缘选区：麦克埃文，占选票总数的0.02%，席位目前由自由党占据）

1 000 万澳元

工党承诺在新南威尔士中部海岸的塔格拉修建一个全新的体育场馆，并以此收买两个席位的选票。（边缘选区：罗伯森，占选票总数的0.1%，席位目前由工党占据；边缘选区：多贝尔，占选票总数的3.9%，席位目前由工党占据）

4 500 万澳元

如果当选，自由党将在汤斯维尔，为集邮爱好者和汽车爱好者修建一个会展中心。（边缘选区：赫伯特，占选票总数的0.03%，席位目前由工党占据）

350 万澳元

杰拉德宣布，如果工党当选，那么凯恩斯地区橄榄球小联盟将获得一个新的食堂和俱乐部会馆。（边缘选区：莱卡特，占选票总数的4.1%，席位目前由工党占据）

7.5 亿澳元

无论谁获胜，澳大利亚最为边缘的选区（位于布里斯班的莫雷龙湾附近）一定会修建一条新铁路。（边缘选区：鲍曼，占选票总数的0.005%，席位目前由自由党占据）

资料来源：

alp.org.au; blogs.abc.net.au/antonygreen; liberal.org.au; Sydney Morning Herald, 2010 Election Porkometer.

各种减税汇成大实惠

4.48 亿澳元

2011 年，总理阿伯特希望推迟规模达 4.48 亿澳元的印尼教育援助计划，并将相关款项用于昆士兰州洪灾的灾后重建。

1 130 亿澳元

纳税人每年从联邦政府获得的各种减免税优惠总计达 1 130 亿澳元。

349 项

联邦政府的减免税优惠共有 349 项。

400 亿澳元

澳洲所有出售自住房的售房者因为不动产资本利得税减免政策，每年少交 400 亿澳元税款。

270 亿澳元

政府对个人缴纳的养老金抽取 15% 的税，如果这部分税能够减免，那么澳洲人每年将少交 270 亿澳元税金。

解决问题的方法有很多，政府财政开源节流的方法就更多了。如果政客们想解决财政赤字问题，那么应该好好看看财政部每年发布的《税式支出报表》。该文件详细列出了历届政府让纳税人享受的各种减免税优惠。诚然，不是每个人都愿意花许多时间精力研读这份厚达 244 页的文件。但像我这样有着另类癖好的人还是愿意好好读一读这份报告。财政部之所以发布这份报告，是因为政府少收税相当于向纳税人支付现金，只是前者没有后者那么显眼。所以，我们要像盯紧政府日常开支一样，仔细核查每一项减税政策。

只需浏览一下报告的总结部分，你就会知道，我们的财税系统就像一个桶壁上被扎了许多小洞的水桶，从这些小洞漏出的水被用来帮助特定群体，如困难家庭、购房者、企业，甚至还有牧师。你会发现，就连神职人员也能享受福利税的减税优惠，只要他们真的在宣扬宗教信仰就行。这是不是很奇怪呢？

财政部估计，2009—2010 财年，政府各类减免税总计 1 130 亿澳元，相当于政府财税收入的 1/3。这可不是一笔小数目。当然，我们不能把所有小洞都堵上。有政客提议取消规模达 400 亿澳元的自有住房资本利得税。希望他们不会碰壁。还有些人提议对养老金实施减税，因为他们认为政府需要用政策来鼓励人们存钱养老。但问题是，年轻人有钱时未必想未雨绸缪，但等他们年纪大了，想多存点养老金的时候却又无钱可存。

此外，废除某项减税政策未必能达到预期的增收效果。就拿废除养老金减税优惠来说吧。优惠取消后，人们可能宁愿多花钱，而不愿意存养老金，这样该税种的税基也就缩小了，政府增收的税金也会相应减少。

不过，现有的 349 种减免税优惠的确让我们意识到，政客在削减对外援助和对常规频发事件，如洪水征收特定税收之前，还有许多选项可以选择。

11.1 亿澳元

驾驶公司配车的个人如果经常开车上下班，那么就能减免部分福利税。澳洲每年相关减税金额总计 11.1 亿澳元（工党 2011 年 5 月提出的预算案废除了该减税优惠）。

10 亿澳元

航空燃油税减免优惠今年让政府损失了 10 亿澳元。

9 000 万澳元

神职人员只要真心传教，那么就能减免福利税。此项优惠每年让政府减少 9 000 万澳元税收。

5 000 万澳元

澳洲矿业公司因为有关勘探开发活动的税收减免政策而每年获益 5 000 万澳元。

资料来源：

Australian Treasury, Tax Expenditure Statement 2010-11.

收税人的一抹阳光

每年 10 月的最后一个星期总会发生一件让我感慨人生如此短暂的事情。没错，那就是赶在周一前提交纳税申报表。大家有没有填好自己的申报表呢？

各位悠闲看报的读者，我可是在周末的时候加班加点，一边整理各种收据，一边咒骂税务局官员，因为他们没有开发兼容苹果操作系统的税务电子申报软件。伙计们，我的软件开发建议可是认真的，即便不为我，也要为死去的乔布斯开发啊！

终于搞定了。你有充分理由把提交纳税申报表这件事拖到最后一刻办理，就像我一样。但这并不是唯一的选择。到底该早提交还是晚提交取决于你预计税务局会给你退税，还是会催你缴税。大家还记得货币的时间价值吗？如果你今天给我一块钱，我马上就能将其用于投资。如果你明天再给我这一块钱，那么它的价值就会有所损失。所以，如果你预计自己要缴税，那么应该尽可能推迟提交纳税申报表。但是，如果你觉得自己能拿到退税，那么就应该尽早提交。然后把到手的钱存入网上银行，享受每年 6.51% 的利息（只有在你经常存款时才能获得相应利息）。

120 万

据估计，每年约有 120~150 万澳洲人没有按照法律规定提交纳税申报表。

98 700 人

2007—2008 财年，只有 98 700 人因此受到惩罚。

88 页

1936 年的澳大利亚所得税法只有 88 页。

5 743 页

2008 年，澳大利亚所得税法长达 5 743 页。

20 000 人

澳大利亚税务局雇佣 20 000 人，是联邦政府第二大机构，其职员人数占澳洲公务员总数的 15%。

3 660 亿澳元

2011—2012 财年，澳洲政府的总开支预计为 3 660 亿澳元。

作为一个经济记者，我有责任成为少数自己填报纳税申报表的纳税人。不过，全国 3/4 的纳税人今年会选择聘请代理机构为自己申报（并获得报税延展优惠）。谁能对他们说三道四呢？在其撰写的一篇有关 2010 年澳大利亚税收结构的评论里，财长肯·亨利（Ken Henry）说："个人为了报税而投入的时间和资源可被用于创造价值或休闲。所以对社会而言，这部分时间和资源是一种浪费。"说得真好。

据估计，纳税人因为报税而付出的代价相当于澳洲国内生产总值的 2.1%，这相当于政府税收的 12%。每年，120~150 万人因为税务系统太过复杂而不报税。税务稽查总长 2009 年发布的一份报告显示，因为不主动报税而遭受惩罚的概率很小：当年全国只有 98 700 人因此受罚。

我觉得，政府应该好好利用纳税人每年报税的机会，拉近与我们的关系。一张贴心的感谢贴就足够了……

"谢谢您按时提交纳税申报表。个人所得税占联邦政府税收的 45%，是政府运行经费的主要来源。企业所得税为政府贡献 20% 的收入，商品和服务税又贡献了 15%。您在消费时也为政府提供了资金，对此我们一并表示感谢。剩余的税收来自关税、燃油税、烟酒税和其他小税种。"

"您或许想知道自己交的税都是怎么花的。请放心，我们通常会花光所有税收（有时少花一些，有时多花一些）。政府的最大开支和个人以及家庭的福利支出有关。大约有 30% 的税收被用于社会保障和福利。16% 的税收被用于医疗，8% 被用于教育，还有 6% 被用于国防。"

1 220 亿澳元

2011—2012 财年，联邦政府预计将 1 220 亿澳元用于社会保障以及福利。

180 亿澳元

2011—2012 财 年，170 万家庭享受到总计 180 亿澳元的家庭税收优惠。

300 亿澳元

2011—2012 财年，联邦政府的教育经费为 300 亿澳元。

资料来源：

Australia's Future Tax Review, Architecture of Australia's Tax and Transfer System, taxreview.treasury.gov.au; 2011-12 federal budget documents accessible at budget.gov.au; FaHCSIA Facts and Figures, October 2011; Inspector-General of Taxation, Review into the Non-Lodgement of Individual Income Tax Returns, 11 June 2009.

"我们希望您觉得自己交的税没被浪费。如果您对政府开支有异议，请在下次选举时告知我们。非常感谢您花时间填写纳税申报表。现在，请您享受阳光，轻松看报。"

政治娱乐秀

> 由于政治已经被娱乐化，它已经不可避免地变成了一场场名
> 人秀。
>
> 摘自《垫场表演：通俗化了的民主》（Sideshow: Dumbing down
> democracy）前工党财政部长琳赛·坦纳（Lindsay Tanner），2011

政治秀场就像是书呆子们喜闻乐见的好莱坞。但那里没有红毯，取而代之的是提问时间和澳大利亚政府间协调委员会（Council of Australian Government）会议。领衔主演也不是布拉德·皮特和安吉丽娜·朱莉，而是陆克文和杰拉德。到底谁来担纲主演不由潜规则决定，而是由政治掮客们安排的台下交易决定。作为台下的观众，我们只看到靓丽的明星和泄密、背叛等剧情。幕后的演出则更像是画面血腥的暴力片。

2006—2008 年，我在堪培拉议会大厦的新闻走廊整整晃了两年。我去那里工作的时候正值金·比兹利（Kim Beazley）把工党领袖一职让位于陆克文。我挺同情比兹利的。他神情没落地走出党团会议室，失去了领导职位的他又遭受了失去亲兄弟的双重打击。这是痛苦人生的真实写照。

在议会大厦混迹两年的我意识到，虽然纷繁复杂的政治机制为政客们设置了许多限制，但最终，有关国家运营的许多重大决定还是政客们凭直觉做出的。毕竟，政客也是人，他们不理性、情绪化，也不完美，和我们这些老百姓没什么两样。在议会这个战场上，持有不同立场，具有不同人格的政客们围绕着战争、衰退和社会正义这些重大议题相互厮杀，妥协，并最终达成政治交易。本章涵盖的这些专栏文章能让您领略近年来上演的一些政治大剧。

许多评论员抱怨说，近来全国性政治辩论的质量江河日下。辩论的焦点常常跑偏，辩手们总是抓着一些鸡毛蒜皮的小事不放。对于这一问题，政客们怪媒体只关心个人，不关心政策。而媒体却责备政客总是拿些没有智商的辩题来讨好观众。政客其实很有影响力，但愿他们意识到这一点，并知道如何正确使用手中的权力。有一个发展趋势让我十分担心，那就是政界普遍认为政治就是民众想要什么就尽力给他们什么。政党雇用民调公司和焦点小组专家来了解民众到底想要些什么，这是好事，不然我们的菜价不会这么便宜，利率也不会下调，边境也不会这么安宁。但任何一个优秀的经济学家都很清楚，所有关于资源分配的决策都涉及取舍。任何一项政策的实施都会让一部分人得益，同时让另一部分人受损。但输家总会大吵大闹，为了息事宁人，政客们就不得不抛弃那些让社会整体得益的政策。政治家的作用应该是在利益冲突的不同群体之间进行调解，他们要为弱势群体说话，并设计出能够让社会整体福利增加的愿景和具体的实现方法。

　　需要懂得权衡的不光是政客，而且还有选民。我们希望政治家既要有远大抱负，但也要有政治手腕；既能设计出美好的愿景，又懂得如何与选民进行良好沟通。他们需要运用一些技巧来推进自己的事业，这无可厚非，但他们的这些操弄不能只注重形式，却没有任何实质。如果要在外表和内涵之间做一个取舍，我将坚决选择后者。

**你在本章可能会
读到的无聊内容**

哪位联邦政客身穿粉色芭蕾裙，头戴怪物耳朵帽，为资深政治记者奥克斯打扫房间，并出演音乐剧《贿赂》，还在克里-安·肯纳利的《午间秀》节目里大跳马克瑞纳舞？

小小的电视荧屏充满了政客们的身影

1956 年

布鲁斯·金格尔（Bruce Gyngell）的一句"晚上好，欢迎收看电视"标志着澳大利亚电视事业的开始。

1980 年

劳里·奥克斯通过电视将联邦政府预算泄露给全国观众，让时任财政部长的约翰·霍华德吓出一身冷汗。

1983 年

"澳大利亚号"夺得美洲杯帆船赛冠军后，鲍勃·霍克在电视上感叹道："如果一个老板因为某个员工某天没来上班就解雇他，那么他一定是个傻蛋"。

1996 年

新任财政部长彼得·科斯特洛（Peter Costello）在一期《午间秀》节目中和克里安·肯纳利大跳玛卡瑞纳舞。

2004 年

肯纳利说服科斯特洛让一条巨蟒绕在他脖子上，伴随他的还有一只鹅和一只考拉。

　　空气中到处弥漫着选举的气息，各路政客频繁出现在荧屏上。本年度他们对于电视节目的入侵几近完成。乔·霍基摘下了史瑞克耳朵头饰，穿上芭蕾舞裙，戴上王冠，出现在10 频道新一季《聊聊你们这一代》节目的预告片中。

　　每周五，在9 频道上，卡尔·斯特芬诺维奇（Karl Stefanovic）在自己的节目中，专门为老辩友杰拉德和阿伯特预留了一段辩论时间，并将其称为"爱的沙发"。在7 频道上，我们亲爱的领导人陆克文正在对3 位毫无免疫力的公民施展他的非凡催眠术。这3 位公民是《日出》（Sunrise）节目每周会为他挑选的，让他们在名为"民众提问时间"的单元向陆克文提问。与此同时，正式的提问时间却到处都是表演、矫情和安排好的托。众议院议长哈利·詹金斯（Harry Jenkins）不停地向台下没有思辨能力的民众布道。

　　澳大利亚广播公司的全国新闻俱乐部讲话在争取午间观众方面堪比奥普拉秀。《晚间热线》（Lateline）节目卷土重来，把你早点上床睡觉的美梦彻底击碎。一头银发的老狐狸托尼·琼斯（Tony Jones）于周一在旧议会大厦举行特别提问回答节目，200 个身穿"挺陆"背心的年轻人坐在台下，陆克文则在台上滔滔不绝。那么多电视台为政客们免费提供那么多黄金播出时段，政客们根本不用费劲筹集媒体宣传经费。没有一名政客去选举委员会登记省下的这一大笔广告费，也真是奇了怪了。

　　但真有人想看这些政客表演吗？我想大多数鹦鹉都不会愿意去看的。这些政客微笑时脸抽筋，专门讲一些让人难堪的笑话，而且还回避任何严肃的问题。说实话，大多数人的长相也不怎么样。

　　《罗夫现场秀》（*Rove Live*）的结束本该让金玉其外的政治访谈节目告一段落。但克里 - 安·肯纳利的回归让我们有机会再次看到政客们大跳玛卡瑞纳舞。有谁想看？

8 个

维基百科上，托尼·琼斯的身份有 8 个，其中包括台球选手、职业摔跤手和失踪的背包客。噢，对了，他还是一个新闻记者。

64 场

2010 年剩余的问答会还有 64 场，选举日程有可能缩减其数量。

13 周

距离联邦预算公布日期，也就是明年 5 月 11 日还有 13 周时间。

1979 年

英国乐队巴格斯（Buggles）的 "录像杀死了广播明星"（Video Killed the Radio Star）第一次登临榜首。

资料来源：

aph.gov.au

跨界名人陷阱

一些貌美女性靠做模特起家，后来转行做了演员，后来又摇身一变成为超级名人。此类跨界名人有两条路可以走：第一条以林赛·罗韩（Lindsay Lohan）为代表，这位童星长大后依旧星光熠熠，她成为了名模，但最后不幸变成了一个瘾君子；另一条路虽然很难走成，但更有前途，那就是像安吉丽娜·朱莉那样，从模特变成演员，最终成为联合国亲善大使。

如果说无名之辈出名的道路不好走，那么名人转变为政客的道路就更加坎坷了。罗纳德·里根（Ronald Reagan）或许是在这条路上走得最成功的人。他最早是一位广播体育评论员，后来进入演艺圈，最后成为世界上最有权力的人。实际上，大多数跨界名人政客诞生于美国。这一点也不奇怪，因为美国是大多数名人的诞生地。美国著名的转行政治家有克林特·伊斯特伍德（Clint Eastwood）和杰里·斯普林格（Jerry Springer）。他们都当过一段时间镇长或市长（伊斯特伍德在卡梅尔任职，斯普林格在辛辛那提任职）。当然，我们怎么都不能忘记大名鼎鼎的终结者，也就是被称为奥地利橡树的阿诺德·施瓦辛格，这个出生在奥地利的硬汉在好莱坞打下一片天，后来又成为了加州州长。

42 澳元

2009 年 5 月，自由党议员布朗雯·毕晓普（Bronwyn Bishop）和迈克·拜得（Mike Baird）参演的音乐剧《贿赂》在悉尼声乐艺术中心（Sydney Vocal Arts Center）上演。门票价格为 42 澳元。

4 000 人

卡梅尔是加州一个富裕的海边小镇，人口 4 000。20 世纪 80 年代后期，伊斯特伍德曾担任该镇镇长。

1974 年

1974 年，曾经是童星的秀兰·邓波尔被任命为美国驻关岛大使。1967 年，她竞选国会议员失败。

50 厘米

施瓦辛格的小腿最粗时周长达 50 厘米。

33 岁

1977 年，谈话节目主持人杰里·斯普林格于 33 岁时担任辛辛那提市长。1970 年，他曾参选国会议员，但以失败告终。

让我们再来看看其他国家的跨界名人政客。20 世纪 90 年代末期，约瑟夫·埃斯特拉达（Joseph Estrada）一直担任菲律宾总统，直至因为贪污而被弹劾。意大利总理希尔维奥·贝卢斯科尼以前在游轮上唱歌，还录过一张爱情歌曲专辑。

从政的演艺名人虽然不少，但成功的却寥寥无几。只要他们遇上麻烦，这是早晚的事，人们就会给他们贴上"前电影明星"、"前摇滚歌星"的标签。我们的"前午夜石油乐队主唱"彼得·卡立德（Peter Garrett）肯定很后悔允诺给百姓安装住房隔热层。我们对政治家期待颇多，但对一般名人却没什么期待。所以，一旦跨界名人政客表现出不称职的一面，我们就会把他们当成经常登上八卦杂志的垃圾艺人，穷追猛打。政坛可不好玩！

59 分钟

里根出演的第一部电影是《广播情缘》（*Love is on the Air*），片长 59 分钟，他在片中饰演一名报道罪案的广播记者。

10.95 美元

一张安伯·李·埃廷格（Amber Lee Ettinger）的亲笔签名海报售价 10.95 美元。这位名模拍摄短片，上传 YouTube，为奥巴马拉票，于是被称为奥巴马女孩。宣传片中有一句著名宣传词："全民医保改革让我感觉暖暖的。"

2003 年

意大利总理贝卢斯科尼首张爱情歌曲专辑于 2003 年发行。

60 位

2009 年，哥本哈根全球气候大会开幕前，60 位歌手和名人重新录制"午夜石油"乐队的名曲《床在燃烧》（*Beds Are Burning*），以表达对于气候变化问题的关注。

资料来源：

amberleeonline.com; bodybuilders.com/ Arnold; greaseonthe- beach.com; imdb.com; tcktcktck.org.

事不如愿

9 次

据称，白宫实习生莱温斯基和美国前总统克林顿总共发生了 9 次性关系。

90 000 美元

克林顿因为在性丑闻调查过程中作伪证而被罚 90 000 美元。

546 字

1998 年 8 月 17 日，克林顿向大陪审团道歉，全文共 546 字。

54%

54% 的美国人认为老虎伍兹的道歉不真诚。

1 180 美元

1995 年，休·格兰特因为猥亵一名好莱坞妓女而被捕，并被处罚金 1 180 美元。他事后对自己的行为道歉。

200 万美元

有人威胁脱口秀节目主持人大卫·莱特曼，说要曝光他和女下属的丑闻，并以此实施敲诈。莱特曼没有交钱，而是选择了公开道歉。

"我老公睡觉打呼，我有时会弹他脑门儿，然后翻身装睡。"一个昵称为 Jileen 的网友在 apologycenter.com 网站上忏悔道。该网站给那些心怀愧疚之人提供了公开忏悔的机会。还有一个父亲承认自己在超市里放屁，却和别人说屁是儿子放的。他真的觉得很抱歉吗？"我的道歉其实不怎么真诚……我一想起这个故事还是忍不住要笑！或许 20 年后，我儿子也会因为这个故事大笑不已。"

道歉可是个技术活。致歉者一不小心就会让人觉得不真诚。在 2010 年初期陆克文政府计划为 220 万户家庭免费安装隔热层。但该计划实施缓慢，漏洞百出，引发民众的不满，陆克文也为此道歉。但大家就是不买账，还不断嘲笑他。陆克文说政府事先应该多听听民众的意见。他或许应该去 Jileen 身边睡一晚。

一些部长担心陆克文走得太远了。身为总理的他到处夸海口，好像政府能够解决诸如食品价格和汽油价格等各种问题。于是，食言成为了陆克文无法逃避的问题。不过，他推行的经济刺激措施，效果还是不错的。政府统计数据显示，澳大利亚经济在 2009 年第 4 季度增长了 0.9%，2009 年全年增长了 2.7%。这是个相当不错的成绩，毕竟其他发达国家正深陷经济衰退泥潭。

执政党希望这份成绩单能够帮助他们赢得选票，他们最终会同意 Jileen 得出的结论："我开始觉得敲老公的头不具建设性，我不会再这么做了。"

2007 年

刚戒酒的大卫·哈塞尔霍夫拍摄一位中风者躺在地板上艰难吃汉堡的视频，后来他为自己的不端行为道歉。

2009 年

歌手坎耶·韦斯特在泰勒·斯威夫特领取 MTV 最佳音乐电视奖时打断其发表得奖感言，事后他向对方表达了歉意。

2 次

奥运选手玛里安·琼斯在有关使用违禁药物的问题上两次作伪证，但最终在 2007 年认罪，并公开道歉。

资料来源：

ABC News/ESPN 'Tiger Woods, Post-apology' February 2012; apology-center.com; baltimoresun.com; perfectapology.com.

谁是最佳男配角

本届奥斯卡最佳男配角得主是……（我顿了顿，随即打开信封）：格雷格·康贝特，他在《隔热层安装大溃败》一片中出色饰演"救火队长"一角，该片由杰拉德导演，GFC公司出品。

政府给个人住房安装隔热层这场大戏的剧情可谓是跌宕起伏，每天都有好戏上演。陆克文让卡立德来背黑锅的段落将全剧推向了高潮。康贝特接任卡立德，四处救火。本周，他宣布政府会雇人回访 50 000 户家庭，拆除政府安装的隔热层，或安装防触电安全装置。

凯恩斯曾在著作中写到，即便政府雇人把钱装进瓶子，并将其埋进土里，然后再把钱挖出来，经济也会提升。所以，从刺激经济的角度来看，政府实施的隔热层安装计划也没什么不妥，毕竟有人拿到了薪水。

本届奥斯卡最佳女配角奖的得主是黄英贤，她在《碳排放交易体系之爱情故事》中成功扮演了一个不畏艰难、为应对本世纪最大挑战之一而奋力拼搏的伟大女性。

当然，最佳女主角非杰拉德莫属，她在《学校革命》《全

12 次

史上获奥斯卡提名最多的男演员是杰克·尼科尔森（Jack Nicholson），他一共获得了 12 次提名。

16 次

史上获奥斯卡提名最多的女演员是梅丽尔·斯特里普（Meryl Streep），她一共获得了 16 次提名。

11 项

史上获得奥斯卡奖项最多的影片分别是《宾虚》（*Ben Hur*）、《泰坦尼克号》和《指环王：王者归来》，它们都获得了 11 项大奖。

850 英镑

冰岛歌手比约克在 2001 年奥斯卡颁奖典礼上穿了一件奇葩礼服，貌似一只死天鹅挂在她的脖子上。这件史上最难看奥斯卡礼服拍出了 850 英镑的售价。

1939 年

1939 年，海蒂·麦克丹尼尔（Hattie McDaniel）因为在《乱世佳人》中成功饰演保姆一角而成为史上获得奥斯卡奖的第一位黑人演员。

国课程设置：第一部》和《职业女性》等多部影片中担纲主角，演技出众。

好，最激动人心的时刻到了。本届奥斯卡最佳男主角的得主是陆克文。他在内部访谈中发表了令人激动的演说："我对包括天气在内的一切问题表示歉意。"他饰演的领导人虽然表达出悔意，但却害怕自己的政治前程被任何一点点过错毁掉。陆克文对这一人物的拿捏十分到位。

让我们再次用热烈掌声对各位演员的精彩表演表示感谢。

2 年

2010 年，凯瑟琳·毕格罗（Kathryn Bigelow）因为指导《拆弹部队》而成为史上第一位获得奥斯卡最佳导演奖的女性。她和詹姆斯·卡梅隆（James Careron）的婚姻持续了两年。

4 120 万澳元

联邦政府的隔热层安装计划碰壁后，为了让大量安装工人保住饭碗，政府共出资 4 120 万澳元。

105 起

政府安装的隔热层共引发 105 起火灾。

4 人

4 人因此而不幸罹难。

资料来源：

oscars.org; showstudio. com; smh.com.au.

不要为我哭泣，工党领袖

陆克文以总理身份召开了最后一次新闻发布会。很多观众用"不忍直视"来描述当时的心情。交出权杖的陆克文流泪了。他的前任金·比兹利于 2006 年 12 月 4 日移交权力时也是如此。

大家应该还记得，在党内选举失势的比兹利在走出党部办公室时，又接到兄弟因为心脏病发作去世的噩耗。面对新闻发布会现场的大批媒体记者，他只说了一句"家庭是一切"，便强忍眼泪，陷入了沉默。

面对记者时，妻儿伴随左右的陆克文似乎更难忍住眼泪。

澳大利亚总理公开流泪已经不是什么新鲜事。他们就任时激动流泪，离职时又悲伤哭泣。1983 年，马尔科姆·弗雷泽（Malcolm Fraser）被鲍勃·霍克（Bob Hawke）打败，泪流不止。霍克的眼泪也不值钱，他在电视上因为女儿吸毒，因为自己对妻子不忠而哭泣。大家似乎已经接受了男性政治家经常流泪的现实，认为这是真情流露的表现。如果换做是商界的巾帼英雄，人们依旧会认为哭泣是软弱的表现。假如

90%

社会问题研究中心（Social Issues Research Center）的问卷调查显示，在过去 20 年里，90% 的女性认为男性哭泣是可以接受的。

77%

77% 的男性也这么想。

44%

《悉尼先驱晨报》在网上发起了一场有关《我要做厨神》（Master Chef Australia）节目的民意调查，结果 44% 的被访者认为，最让人讨厌的是选手总是激动流泪。

53 岁

2006 年，金·比兹利失去了工党领袖职位，落选后的他又收到 53 岁的弟弟大卫·比兹利去世的噩耗。

11 岁

陆克文的父亲遭遇车祸送医抢救，但因败血症而不幸去世，当时陆克文只有 11 岁大。

我们的首位女总理泪奔，不知道公众会认为她软弱，还是会认为她不做作。

1984 年

这一年，澳大利亚时任总理鲍勃·霍克在电视上因为女儿吸毒而流泪。

1989 年

这一年，霍克又在电视上因为对妻子不忠而哭泣。

1990 年

这一年，媒体拍到，失势的英国铁娘子撒切尔夫人在离开唐宁街 10 号时黯然流泪。

1998 年

调查美国时任总统克林顿是否滥用职权的《斯塔尔报告》（*Starr Report*）出炉当天，克林顿在白宫年度早餐祈祷聚会上流泪。

资料来源：

bbc.co.uk; smh.com.au; Social Issues Research Center, The Kleenex for Men Crying Game Report: A study of men and crying, September 2004.

僵尸、忍者和全球金融危机

> 金钱这个婊子永不休眠，你要看紧她，否则总有那么一天，你
> 清晨醒来时会发现她已离你而去。
>
> 《华尔街：金钱永不眠》（*Wall Street: Money never sleeps*, 2010），
> 戈登·杰科（Gordon Gecko）

如果你闲得发慌，想找一部刺激的片子看，娱乐娱乐，那么眼下正在上演的，有关全球金融危机的恐怖巨制或许是不错的选择。这部史诗巨作情节跌宕起伏，你既能看到邪恶的银行家，又能看到天真的政府。当然，最先倒霉的永远是那些最不起眼的小人物，也就是数以百万计的欧美普通失业者，你既不知道他们叫什么名字，也不清楚他们长什么样。

一切始于"忍者"房贷，也就是"无收入、无工作和无资产"（no income, no job or asset，缩写为 NINJA，即忍者）的三无房贷。20 世纪 90 年代和本世纪初，美国银行，其中包括一些拥有政府背景的金融机构，如房利美和房地美开始疯狂放贷。低利率、房产泡沫，外加放贷标准的放松，让数百万无力偿还贷款的美国人拿到了房贷。这些贷款被称为"次级贷款"，借款人偿债能力堪忧，个人信用记录糟糕。为

这场疯狂推波助澜的是金融市场中那些聪明过头的投资者。他们将数千份次贷捆绑为一份,并将这些贷款的收息权转卖给第三方投资者,如保险公司、其他银行,甚至还有其他国家的政府。上述过程被称为"证券化"。

2007 年,房市开始走坏。借款买房者陆续违约。要是你没有任何经济来源,那么也会这么做,换了谁都一样。美国法律体系有一个特别之处,那就是一些州允许房贷缺失"追索权"。这意味着,一些购房者可以轻轻松松地卸下还贷重负,银行拿他们一点办法都没有。人们只需搬离自己的住房,虽然这样一来损失了所有积蓄,但却可以立即止损,无须继续偿还剩余巨额贷款。他们把钥匙串装在信封里投入银行信箱。这些邮件被取出时叮当作响,所以被戏称为"叮当邮件"。美国房价快速下跌,银行持有的这些房产,价值不断缩水。由于被打包出售的房贷利息收入大幅缩减,这些看起来很美的证券化资产也就成了投资者手里的毒药。

"僵尸银行"(资不抵债的银行)来袭的恐惧席卷整个北美大陆。全球金融系统受到冲击,银行不愿借钱给其他银行或企业,全球商业系统猝死的威胁迫在眉睫。2008 年 9 月 15 日,美国投行雷曼兄弟申请破产,已经开始给借贷机构撑腰的美国政府被迫挤出规模达 7 000 亿美元的救援计划以防止银行大面积倒闭。债务危机从私有部分向公有部分传递。已经把利率水平几乎降到零的美国联邦储备银行开始印钞票。在欧洲,信贷危机引发衰退,并让财政状况不佳的"欧猪四国",即葡萄牙、爱尔兰、希腊和西班牙政府彻底陷入困境。

　　美国次贷危机爆发到今天已经有 5 年时间了，世界经济依然苦苦挣扎。发达国家经济增速大幅下滑。身为发展中国家的中国和印度是这一片凄凉景色中的唯一亮点。澳大利亚虽是发达国家，但却凭借地缘和资源优势，搭上了印中两国发展的便车。

　　过去，发达国家为了刺激经济发展寅吃卯粮，透支了未来的发展潜力。看来眼下的经济复苏将会变得十分痛苦而漫长。

**你在本章可能会
读到的无聊内容**

- 冰岛金融快速去监管化进程的影响
- 为何冰岛这个最佳旅游目的地成为了经济最糟的国家
- 美国"量化宽松"政策的意义
- 如何发现僵尸银行
- 自公元元年以来的世界经济产出史
- 中国经济发展给澳大利亚带来的出口机遇

灾祸连连的冰岛只有鳕鱼能救

我曾经以为，冰岛只是北大西洋中，一个由渔民组成的安宁小国。但在过去几年里，这个人口和堪培拉相当的小小岛国却给全球金融系统带来一阵骚动，因为该国银行体系在最近的金融危机中彻底崩溃了，由此导致了 2008 年，全球金融系统的动荡。

从 2003 年开始，冰岛的金融市场便开始飞速发展，最终却因为资金枯竭以崩盘收场。一开始，由于信贷充裕，利率水平极低，冰岛渔民觉得应该放下手中的渔网，走进商学院，把自己培养成一个投资银行家。迈克尔·刘易斯（Michael Lewis）在《名利场》（*Vanity Fair*）杂志发表的一篇文章说，2003~2007 年间，冰岛股市的市值增长了整整 9 倍。冰岛首都雷克雅未克（Reykjavik）的地产价格上涨了 3 倍。

但在 2008 年末，冰岛经济轰然崩塌，该国实际上已经破产。发源于美国的次贷危机借助全球金融市场向各国扩散，这一冲击对冰岛来说是致命的。2009 年 1 月，愤怒的人们纷纷走上冰岛首都街头游行示威，逼迫保守派政府下台。4 月的大选让全球首位公开同性恋身份的国家领导人上

18%

2008 年爆发的全球金融危机让冰岛破产，当时冰岛官方公布的基准利率高达 18%。

1 400 亿美元

危机爆发前，冰岛 3 大银行负债总额达 1 400 亿美元。冰岛政府只能接过这个烂摊子。

120 亿美元

以当时的汇率计算，冰岛 2009 年的国内生产总值只有 120 亿美元。

公元 874 年

874 年，难以忍受国王哈拉尔一世残酷统治的挪威人开始在冰岛定居。

44 岁

冰岛最著名的创作型歌手比约克 44 岁时发表了经典之作《如此平静》（*It's Oh So Quiet*）。

1821 年

艾维法拉火山上一次大喷发是在 1821 年。

台，她就是冰岛新任总理约翰娜·西于尔扎多蒂（Johanna Sigurdardottir）。一年后，也就是 2010 年初，被冰川覆盖的艾维法拉（Eyjafjallajokull）火山爆发，喷出的火山灰高达数千米，欧洲航线几乎停飞了整整一周。

经过这么多折腾的冰岛人现在应该十分渴望重新过上过去平静安宁的生活。

260 平方公里

艾维法拉火山冰川覆盖的面积达 260 平方公里。

100 000 个

艾维法拉火山最近一次喷发让各航空公司取消了大约 100 000 个航班。

17 亿美元

国际航空运输协会（International Air Transport Association）估计，航空业因为此次喷发损失了 17 亿美元。

资料来源：

BBC News; finance.yahoo.com/currency-converter; iata.org; Iceland.org; Michael Lewis, 'Wall Street on the tundra', Vanity Fair, April 2009; Statistics Iceland.

欧洲各国政府忙着大砍预算

伙计们，抄起家伙，动手的时候到了。世界各国政府纷纷削减开支，提高税率，努力修复严重失衡的财政状况。人们害怕的不再是银行大范围倒闭，而是政府因为主权债务无法偿还而破产。

为了应对金融危机，政府一方面增加开支，刺激经济，另一方面斥巨资拯救濒临破产的金融机构。而现在，它们自己也深陷危机。在欧洲，经济状况尚可的国家已经筹集了7 500亿欧元来解救苦苦挣扎的希腊和其他一些拥有美丽阳光海滩的国家，如葡萄牙和西班牙。（为何经济糟糕的总是那些拥有度假胜地的国家？）为了获得援助，希腊政府被迫接受一揽子紧缩计划以减少财政赤字，这些措施包括延迟退休，停止公务员薪资发放，以及增加燃油税。希腊人已经走上街头暴动。

一直羡慕希腊人提早退休的德国人现在不得不出手援助这些欧洲穷亲戚。2010年初，德国总理默克尔说，德国民众将感受到上述救援措施的影响，因为德国政府自己也不得不紧缩开支，如取消计划中的减税措施。这是自第二次世界大战以来，德国政府规模最大的财政紧缩计划。

300 亿欧元

2010年5月，希腊政府宣布了规模达300亿欧元的紧缩计划，内容包括停发公务员工资，削减养老金以及增税。

149%

据预测，希腊2013年国家债务规模将达到国内生产总值的149%。

3 人

希腊已经有3人在抗议政府缩减开支的示威游行中丧生。

62%

英国公共债务净值占其GDP的62%。

6%

据预测，澳大利亚国家债务占其GDP的百分比将在2011—2012财年达到峰值6%。

100 亿欧元

为了拯救欧元区，德国政府筹集了规模达1 230亿欧元的救援计划，并打算因此而缩减100亿欧元政府开支。

在英吉利海峡对岸，由保守派和自由民主派组成的联合政府发誓，将削减公共开支作为首要任务。在欧盟国家中，英国的国家债务规模仅次于希腊。因此，这届政府上任不到50天，就火急火燎地削减90亿澳元开支。

矿产出口强劲势头再一次让澳大利亚高枕无忧，让联邦政府能够在2012—2013财年实现预算平衡，这将比计划整整提前3年。2010年5月公布的预算显示，澳大利亚的国家债务净值仅占国内生产总值的6%，而不是大家害怕的14%。这么低的债务占比让世界各国领导人艳羡不已。阿伯特似乎最终实现了这一非凡目标。在预算咨询会上，他只提到"债务"6次。希望联合政府这次能让民众不再受国家债务问题的困扰。

15%

2010年5月，西班牙总理萨帕特罗和其他政府官员同意削减15%薪资以减少预算赤字。

20%

西班牙失业率高达20%

893万澳元

2010年5月，一枚7.64克拉的蓝色枕形钻石以893万澳元价格出售，创造了钻石每克拉单价纪录。这个世界总是不缺有钱人。

资料来源：

Australian Treasury; BBC News; Greek Ministry of Economy and Finance; Guardian News & Media; UK Office for National Statistics.

美国的 QE2 是新瓶装旧酒

6 000 亿美元

美联储实施的量化宽松政策将购买 6 000 亿美元美国国债，以增加美国经济的流动性。

13 000 亿美元

澳大利亚经济总量为 13 000 亿美元。

150 000 亿美元

美国经济总量为 150 000 亿美元。

963 英尺

远洋邮轮"伊丽莎白二世女王号"长达 963 英尺，该船于 2008 年 11 月 27 日退役。

1980 年

1980 年，英国歌手麦克·欧菲尔德（Mike Oldfield）发布了名为《QE2》的专辑，以此向伊丽莎白二世女王号致敬。至于他为什么要这么做，无人知晓。

1954 年

女王伊丽莎白二世首次访问澳大利亚。

2010 年 11 月，杰拉德和希拉里在墨尔本欢度她们的女生派对。她们在讨论地区安全局势和阿富汗战争时或许会注意到美澳两国经济存在着巨大差异。两者间的不同从来没有像现在这么明显。一方面，澳大利亚央行正在不断提高利率水平，扮演吝啬鬼的角色；另一方面，美联储准备像 1969 年那样撒钱狂欢，那一年远洋邮轮"伊丽莎白二世女王号"（Queen Elizabeth 2）完成了自南安普顿到纽约的处女航。两者有什么联系吗？

美联储宣布将印刷 6 000 亿美元购买美国国债，进而增加货币供给，促使市场利率水平下降，并让美元贬值。这些举措都是为了让半死不活的美国经济复苏（美元贬值能够刺激美国产品的出口）。鉴于金融市场喜欢给各种政策或事件起缩略语名字，如把全球金融危机叫作 GFC，一些聪明人很快就给上述政策起了一个"QE2"的名字，QE 代表量化宽松（quantitiative easing），2 代表这是第二波撒钱攻势。

美联储之所以实施 QE2 实在是因为已经黔驴技穷了：美国的利率水平已接近 0，共和党主导的国会又不同意债台高筑的美国政府进一步增加开支，刺激经济。虽然澳大利亚面临的主要威胁是通胀，美国的问题恰恰是通缩，即需求不振引发的价格水平下降。你瞧，数百万美国家庭快要付不出房贷月供了，美国的失业率也已接近两位数，所以美国人不再像以前那样大手大脚花钱。

不过，用印钱的方法来解决问题也是有风险的。在商品和服务供给不变的情况下，货币供给增加刺激出来的需求可能会让通缩问题很快变成通胀问题。有时候，治疗某种疾病的方法可能会引发新的疾病。此外，降低利率水平或许不足以刺激企业扩大经营规模，不足以创造出更多就业机会。毕竟，美联储在不久的过去刚刚实施过 QE1。

所以，杰拉德和希拉里有很多议题要谈。今年十月，她们曾在越南召开的东亚峰会碰过面，杰拉德保证希拉里会在墨尔本度过一个愉快的周末。我觉得，她们这次可能没机会聊时尚了。

63 岁

2010 年 11 月，63 岁的美国国务卿希拉里到访墨尔本。

1.017 7 美元

那一周，1 澳元兑换 1.017 7 美元，创 28 年来澳元币值新高。

11 434 点

那一周，道琼斯指数以 11 434 点收盘，创下了 2008 年 9 月以来全球金融危机爆发以来的最高点。

资料来源：

krugman.blogs.nytimes.com; Reuters; Wikipedia.

希望幸存的银行能够闯过难关

如今的欧洲遍地是僵尸，这是政府共同参与的一个大阴谋。我可不是在危言耸听。不过在你扛起短枪，把家人赶上汽车，封堵通向城外的主干道之前，还是让我好好解释一番。

你瞧，这些僵尸不是鬼怪，而是银行。

和影视作品中移动迅速的僵尸不同，欧洲的僵尸银行奄奄一息，而且被严加看管。欧洲各国政府只需关闭其维持生命的系统，许多僵尸银行就会彻底完蛋。不过，政府只有在彻底没招的时候才会这么做。我稍后会向大家详细介绍有关僵尸银行的来龙去脉。

那么到底什么是僵尸银行呢？

它们实际上是资不抵债、已经破产的银行。

有趣的是，银行的资产负债表正好和个人的相反。我们的存款是银行的负债，因为银行必须为存款支付利息。而我们的房贷和商业贷款却是银行的资产，因为它们为银行产出利息。

如果银行的借贷成本上升（因为金融机构不愿意借钱给

9 806 人

2011 年 11 月 26 日，9 806 人装扮成僵尸的模样，走上墨西哥城街头，举行"僵尸游行"。

12 000 人

据估计，2011 年 10 月，约有 12 000 人参加了澳大利亚脑基金会在布里斯班组织的僵尸游行。

1932 年

1932 年，世界首部僵尸电影，由匈牙利演员贝拉·卢戈西（Bela Lugosi）领衔主演的《白僵尸》（*White Zombie*）在美国首映。

1968 年

1968 年，乔治·罗梅罗（George Romero）导演的美国小众黑白电影《活死人之夜》（*Night of the Living Dead*）上映。

5 部

罗梅罗后来又拍了 5 部僵尸片，它们分别是《活死人黎明》《活死人之日》《活死人之地》《活死人日记》和《活死人之岛》。

它们），资产收益又下降（因为借款人无力偿还贷款，或者作为贷款抵押品的资产贬值，如房产价值缩水），那么银行就碰到大麻烦了。

全球金融危机发生时，美国就是这幅光景。美国政府不得不动用纳税人的钱拯救一些大而不倒的银行，同时让不太重要的众多小银行清盘，并依照联邦存款保险计划对储户进行一定赔偿。

市场的担忧已经开始转向欧洲银行系统。国际货币基金组织每两年发布一次《全球金融稳定报告》（*Global Financial Stability Review*）。2012 年 4 月发布的报告题为"追求持久稳定"，该报告认为欧洲银行和欧洲政府已经成为世界金融系统稳定的最大威胁。

如今的世界已经全球化，各国银行互相拆借。世界金融体系的最大威胁是，该体系某部分的问题可能会迅速传遍整个世界，在面临威胁时，所有银行都会惜贷，利率水平会迅速攀升。欧盟已经介入，通过欧洲央行向私有银行提供救援资金。

为了增加自己的抗压能力，银行纷纷增加资本金（大部分靠股东注资）。它们要么出售和主营业务不相关的资产，如保险业务，或者把贷款资产贱卖给外国银行，或者减少贷款的投放。

这么做的风险是，如果很多银行同时进行此类操作，如果企业无法从银行获得正常经营所需的贷款，那么欧洲的经

2005 年

2005 年，《活死人之地》（*Land of the Dead*）上映，这是我和未婚夫阿什利一同观赏的第一部电影。

96 人

热播剧《行尸走肉》（*The Walking Dead*）原著黑白漫画已经连载 96 个月。

4 人

4 人组成的爱尔兰小红莓乐队于 1994 年发布了单曲《僵尸》（*Zombie*）。爱尔兰共和军策划的爆炸让两个无辜的儿童殒命，小红莓乐队以此表达对该恐怖组织的抗议。

1 枪

只要你瞄准僵尸的头部，一枪就能要了他的小命。

资料来源：

bbc.co.uk, 'Mexico City claims zombie walk world record', 27 November 2011; imdb.com.

济复苏将变得更加漫长。欧洲需要一段较长的时间让市场渐渐平复下来，让利率水平逐渐下降，这样银行比较容易获得资金，企业和贷款买房者也能继续还本付息。

如果一切按计划进行，僵尸银行最终应该能转危为安，恢复健康。虽然很多人鄙视这些不负责任的吸血鬼，但这个世界离不开银行，哪怕是半死不活的银行。银行是经济的血液，一方面，它们吸收储户的资金；另一方面，它们又为那些拥有进取精神，需要资金创业的企业家提供资金。银行发挥的上述作用有助于创造就业机会，刺激经济发展和提高民众生活水平。

澳大利亚有没有僵尸银行出没呢？虽然世界很多地区一片混乱，但澳大利亚就像僵尸片里的避难所一样，一切安好。我们的银行依旧生机勃勃。由于失业率维持在低位，政府债务数量和增长率都不高，澳大利亚经济相当不错，吸引了众多国际投资者。

之所以说这些好话可不是因为我们喜欢拍政府马屁。总理杰拉德说："世界其他国家的领导人如果也能让本国经济变得像澳大利亚经济这样出色，估计让他们把一条胳膊砍下来都愿意。"

希望这些领导人不要混得这么惨。

印度：打造未来

发展中国家之所以被称为发展中国家不是没有道理的。虽然 2010 年英联邦运动会在德里举行期间，运动员村乱糟糟的，但印度经济正在稳步前行。

印度在历史上曾有过辉煌。经济史学家安格斯·麦迪森（Angus Maddison）的突破性研究显示，印度经济总量曾占世界经济总量的 30%。那时候，整个欧洲的经济规模都比不上印度。诚然，这是很久以前的事了，大约在公元 1 世纪。当今世界头号经济体，也就是占世界经济总量 20% 的美国当时压根就不存在。目前同样占世界经济总量 20% 的西欧当时还在罗马帝国的黑暗统治之下，当时的统治者觉得发动一次十字军东征是一个不错的主意。

两百多年前，欧洲和美国开始了工业化进程。大批民众进城，由此引发的经济发展大幅提高了欧美民众的生活水平，这些国家也成为经济最为发达的国家。在过去几十年里，印度和中国摆脱了殖民主义的桎梏，奋起直追。财长肯·亨利（Ken Henry）曾在 2010 年初说："这两个国家都有重铸辉煌的潜力……"

印中两国的中产阶级正在飞速壮大。虽然中国的工业化

第 3 大

印度已经成为澳大利亚的第 3 大出口贸易伙伴。十年前，印度还位列第 15。

67 亿澳元

2009 年，澳大利亚向印度出口了价值 67 亿澳元的非货币黄金。

40 个

人口超过百万的印度城市有 40 个。

35 个

人口超过百万的欧洲城市有 35 个。

160 个

人口超过百万的中国城市至少有 160 个。

32%

公元 1 世纪，印度的经济总量占全球经济总量的 32%。

5%

今天，印度 GDP 占世界 GDP 的 5%。

2030 年

联合国预测，2030 年，
印度将取代中国，成为世
界人口最多的国家。

7%

进入 21 世纪以来，印度
GDP 的年均增长率为 7%。

资料来源：

Reserve Bank Bulletin,
'Economic change in India',
September quarter 2010;
Reserve Bank deputy
governor Philip Lowe
speech on 16 September
2010; Treasury Secretary
Ken Henry speech on 18
May 2010; World Resources
Institute.

进程领先一步，但印度也在飞速前进。近年来的经济改革减少了政府对经济运行的不必要干预，企业家得以放开手脚，大干一场，此外，两国的关税水平也显著下降，外资引进的力度也不断加大。

　　加油。

中国经济增长带来的不只是矿产出口的增加

虽然政府预算总是不缺靓丽的统计数据，但 2011 年 5 月发布的预算报告还是给我们带来了一个惊喜。虽然大家关心的主要是政府如何在 2012—2013 财年之前将 490 亿澳元的赤字变为 35 亿澳元的盈余，但该报告的最大亮点并不那么显眼，其影响远远超过这份预算所涵盖的 4 年的时间跨度。

这份报告有一个名叫"财政部展望"的部分。财政部的经济专家充分发挥想象力，预想"亚洲世纪"到来时我们的生活会是什么样子。他们说，如果你觉得中国经济发展只能促进矿产的出口，那么应该再好好想一想。中国人收入和消费能力的增长意味着，到 2030 年，亚太地区的中产阶级将把欧美的中产阶级甩在后面。这将对"澳大利亚 21 世纪的商业运行产生深远而重大的影响"。

不用过多久，快速增长的将不再是澳大利亚给中国的矿产出口，还会是澳洲的高端消费品和服务。这有助于澳大利亚经济进一步从制造业向服务业转型升级。很多亚洲富有的中产阶级已经来到澳大利亚，分享我们的教育和旅游资源。中国游客的数量已经超过了日本游客，而且很快会超过美国游客。

32 亿

据估计，到 2030 年，亚太地区的中产阶级人口将达到 32 亿，占全球中产阶级总数的 2/3。

10 亿

据估计，到 2030 年，北美和欧洲的中产阶级人数将达到 10 亿。

40 万

2009—2010 年度，到访澳洲的中国游客人数达 40 万，首次超过日本游客人数。

6%

财政部估计，2012 年，矿业投资规模相当于同年澳洲 GDP 的 6%，首次超过澳洲其他各行业计划投资规模的总和。

4 亿

中国城镇家庭数量为 4 亿。

12 辆

中国城镇居民每百户家庭拥有 12 辆汽车，仅仅在本世纪初，这一数字只是几辆。

58 台

中国城镇居民每百户家庭
拥有 58 台微波炉，2000
年，这一数字是 16 台。

70 台

中国城镇居民每百户家庭
拥有 70 台电脑，2000 年，
这一数字是 8 台。

188 部

中国城镇居民每百户家庭
拥有 188 部手机，2000 年，
这一数字是 16 部。

资料来源：

Federal Budget Papers
2011-12.

　　争夺亚洲客人的竞争将会变得非常激烈，但只要我们用心经营，发财的将不只是矿业大亨。

澳大利亚经济

> 百年一遇的贸易良机正摆在澳大利亚面前……这可能是自 19
> 世纪 50 年代的淘金热以来，全球经济给澳大利亚送上的最佳经济
> 发展机遇。
>
> 澳大利亚央行行长格伦·史蒂文斯，2011 年 7 月 26 日

澳大利亚经济总是能与体量更大的国家较量一番。虽然
澳大利亚的人口数量在全球排名第 52，介于莫桑比克和罗
马尼亚之间，但澳大利亚 13 000 亿澳元的经济总量位列世
界第 13，和西班牙相当。澳元的交易量在各国货币中排名
第 5。

澳大利亚自然资源丰富，民主政治体系成熟，经济开放，
且有韧性。虽然远离欧美这一劣势曾在很长一段时间里限制
了澳大利亚经济的发展，但"亚洲世纪"即将来临，而澳大
利亚非常靠近印中两大飞速发展、充满活力的经济体。澳大
利亚目前出口产品价格较高，进口产品价格又较低。可以
说，现在是澳大利亚自 19 世纪 50 年代淘金热以来经济发展
的最佳时机。

澳大利亚经济的升级换代始于本世纪初。2001 年，网

络公司泡沫破灭后，1 澳元只能兑换 50 美分。但到 2010 年末，自浮动利率实施以来，1 澳元首次能够兑换 1 美元。采矿业的蓬勃发展增加了国家收入，提高了国民生活水平，但同时也给我们带来了挑战。

经济学家正在应对由于生产要素供给短缺给澳大利亚经济带来的独特挑战。高技术人才的缺乏以及失业率持续在低位徘徊让中央银行更难维持 2%~3% 的目标通胀率。央行通过控制借贷成本来影响宏观经济。在需要刺激经济的时候，央行会降低利率，就像各国央行在应对全球金融危机时所做的那样。这样，购房者和企业就更愿意花钱，而不是储蓄。但是，如果经济过热，央行又会提高利率水平，增加家庭和企业的借款成本，让存款这一选项变得更诱人。

央行引发的利率水平变动被称为"货币政策"，这些政策被用来补充以政府税收和消费为核心的"财政政策"。不过利率水平这一工具不是那么好用。高利率水平会增加国际投资者持有澳元的收益，进而促使澳元升值。对去国外度假的澳洲人来说，这是个好消息，但对于非资源出口行业，如制造业、旅游业和教育产业来说，这就不是什么好消息，因为它们需要吸引海外消费者。

采矿业的蓬勃发展还迫使澳大利亚经济进行痛苦的结构转型。说得直白一点，所谓的"结构转型"是指很多人会因为公司利润减少而丢掉饭碗。政府要帮助这些不幸的人掌握新技能，以便他们在飞速发展的行业里找到工作。

很多人担心澳大利亚会得"荷兰病"，即劳动密集型进出口竞争性行业，如制造业会因为本币升值而遭受冲击，与此同时，采矿业的投资规模和就业人数不断增加，一旦国际大宗商品价格崩溃，澳大利亚经济就会遭受重创。但许多经济学家相信中国故事，相信十几亿中国人将脱贫，认为中国会变成发达的工业化国家。

让澳大利亚经济转型，以充分释放采矿业的发展潜力可能是一次豪赌，但中国中产阶级的壮大又为我们提供了新的贸易契机。澳大利亚对于中国的服务出口，其中包括教育和金融服务，已经超过了煤炭的出口。

在增长放缓的全球经济中，澳大利亚聪明地选择自己的邻居。

**你在本章可能会
读到的无聊内容**

● 低失业率和高通胀率之间的权衡

● 财政政策在供给短缺型经济中的作用

● 货币政策在供给短缺型经济中的作用

● 利率上升带来的好处

● 增速不一致经济

● 央行获得的授权是什么

● 澳大利亚外汇政策简史

智利矿工：我们的本质是一样的

2010 年 10 月，33 名智利矿工从阿塔卡马沙漠深处被救出。澳大利亚人有更多理由同情这些矿工，并觉得自己和他们亲近。世界大宗商品价格暴涨把原本廉价的土石变成了金子，无论是智利经济，还是澳大利亚经济，都十分倚重矿产开发。智利是世界最大的产铜国，铜产量占世界产量的 1/3，而澳大利亚拥有数量巨大的高等级煤炭和铁矿石。中印两国的工业化极大地增加了对于自然资源的需求，进而对智利和澳大利亚两国经济产生深远影响。全球大宗商品供给的增速赶不上需求的增幅，大宗商品价格因此大幅上涨。

但两国的相似之处不止于此。虽然智利的皮诺切特（Pinochet）政权十分残暴，但却也实施了经济改革。关税的削减，汇率的浮动和市场的开放让智利成为南美最具韧性、最开放的经济体。虽然贫困问题依然严重，但智利还是于 2010 年加入了经济合作与发展组织，澳大利亚已经是该组织会员国。全球金融危机过后的经济反弹和大地震让智利面临严峻的通胀压力，智利央行不得不提高利率加以应对。智利比索的币值不断上升，对该国的农产品出口形成了冲击。这一切听起来是不是很耳熟呢？

22 亿美元

智利总统塞巴斯蒂安·皮涅拉是一个白手起家的成功商人，据估计，他的身价约为 22 亿美元。

35 人

2009 年，智利有 35 名矿工不幸遇难。

2010 年

2010 年，智利成为第一个加入经济合作与发展组织的南美国家。

1 700 万

智利人口数量为 1 700 万。

57.5%

世界最大铜矿位于智利北部的埃斯康迪达（Escondida），必和必拓公司拥有其 57.5% 的股份。

第 3 位

智利的猕猴桃产量位列世界第 3 位，仅次于意大利和新西兰。

所谓的"荷兰病"是指一国大宗商品出口的大幅上升让本国货币升值，进而冲击该国的竞争性进出口行业。显然，智利和澳大利亚都有染上"荷兰病"的危险。不过，两国都在 2010 年通过紧缩政府预算来应对大宗商品出口收入的剧增，国际货币基金对此表示赞赏。

但智利政府走得更远。2007 年，智利政府设立了经济和社会稳定基金。国营铜矿企业的超额利润和其他矿产公司上缴的高额税收将被注入该基金。如果政府预算盈余超过国内生产总值的 1%，政府收入会自动转入该基金以备不时之需。最近，智利政府就从该基金拨出 40 亿美元来刺激经济。

智利人可供借鉴的做法还有很多，比如互相拥抱是治愈心灵创伤的灵丹妙药。

8 485 美元

2010 年 10 月，智利主要出口产品铜矿石的价格攀升至 27 个月以来的新高，达到每公吨 8 485 美元。

10 亿美元

智利政府将提高矿产公司的所得税率，这一举措将在未来 3 年内为该国政府增加 10 亿美元收入。

220 亿美元

智利政府设立的经济和社会稳定基金规模已达到 220 亿美元。

资料来源：

bbc.co.uk, 'How safe are Chile's copper mines?', 5 October 2010; Bloomberg; dfat.gov.au; faostat.fao.org; ft.com; Forbes.com, World's Billionaires list; oecd.org; swfinstitute.org; worldbank.org.

利率上升的好处

22.3%

欧盟就业形势最严峻的国家是拉托维亚，失业率高达 22.3%。

3.9%

欧盟就业形势最好的国家是荷兰，失业率只有 3.9%。

16.4%

底特律的失业率为 16.4%

5.5%

澳大利亚 2009 年 12 月的失业率为 5.5%。

639 400 人

澳大利亚 2009 年 12 月的失业人口数量为 639 400。

199 400 人

2008 年 2 月—2009 年 12 月，澳大利亚的失业人口增加了 199 400 人。

1.169 澳元

2010 年 1 月，瑞福斯通某加油站每升无铅汽油的价格为 1.169 澳元。

恕我无法对将要上升的利率感到十分沮丧。我的网上银行账户显示，在过去一年里，我的存款只产出了 3% 的利息，所以利率上升对我来说一个好消息。人们只看到贷款购房者哭天抢地，却忽略了那些靠存款过日子的年轻租客和退休老人。利率上升自然是几家欢喜几家愁，这可能让一些"贫穷"的悉尼家庭将无法重新装修自家的第三个书房，或者无法将两个车库改装成娱乐室。

本周还有一条重大经济新闻，那就是失业率下降到了 5.5%。虽然这也意味着利率会上升，但还是恕我庆贺一番，因为这同样说明经济衰退已接近尾声。

如果有人觉得澳大利亚在 2008 年末和 2009 年初没有经历经济衰退，那么我需要提醒他们：最近的数据显示，失业率在那段时间上升了 1.9%。一些经济学家认为，如果失业率在一年内上升了 1 个百分点或更多，那么经济便进入了衰退。

此外，请再次允许我庆祝澳元终于能和美元等价兑换了。对澳大利亚制造业和旅游业的从业人员来说，这不是一个好消息，但对那些准备出国旅游的澳洲人来说，这意味着用同样的澳元能够买回更多纪念品，意味着能够享受更好的酒店。

而且油价也将在低位徘徊（因为澳大利亚的大多数石油靠进口）。如果你刚巧从爹妈手里买下车龄 12 年的丰田花冠，澳元升值可是个天大的喜讯。

经济指标变化时，总是几家欢喜几家愁。

1.5 澳元

如果澳元不是这么坚挺，联邦证券预计每升无铅汽油的价格将涨到 1.5 澳元。

7.6%

截止 2009 年 11 月的一年里，新车贷款规模增加了 7.6%，为 19 个月来最高。

资料来源：

abs.gov.au; CommSec;
Federal Chamber of
Automotive Industries;
motormouth.com.au; US
Bureau of Labor Statistics.

保持经济繁荣并不易

604 800 人

2011 年 2 月，澳大利亚的失业人口（想要且能够工作，但找不到工作的人）数量为 604 800 人。

5%

澳大利亚劳动人口数量为 1 200 万，失业人口占到5%。

2.6%

悉尼东郊的失业率为2.6%。

8.6%

悉尼坎特伯雷 - 宾士镇（Canterbury-Bankstown）地区的失业率为8.6%。

13%

远北昆士兰地区因为发生洪灾，失业率高达13%，为全国最高。

817 100 人

澳大利亚希望获得全职工作的兼职员工数量为 817 100 人。

36 000 人

自然资源行业就业调查小组预计，到2015年，商业从业人员的供给缺口为 36 000 人。

每个想工作的人是否都有工作呢？这个问题让政策制定者夜不能寐（当然是在他们不为全球金融危机、地震、洪水、海啸担心的时候）。

在过去十年里，最让人头疼的问题已经从失业率居高不下变成了劳动力供给不足。采矿业的飞速发展促进了投资，让澳洲经济潜力发挥到了极限，劳工、机械和工厂可谓是供不应求。

在这种供给紧缺的情境中，我们必须提出一个重要问题：我们想做的每一件事是否都能做成？我们是否拥有足够多的工人同时重建洪灾后的昆士兰和建设全国宽带网络？在充分就业的经济体中，一个新项目的推进必须以牺牲另一个项目为代价——我们没有足够资源同时开展两个项目。如果劳动力供给有限，那么雇主就必须互相竞争，争夺雇员，进而推高工资水平。

"太棒了！"或许你会这么想，毕竟每个人都有工作。但这听起来是不是太过美好，太不真实了呢？没错，事实并非如此。这种情况会导致一个问题，拿着超级薪水的打工皇帝会大手大脚花钱，推高商品和服务的价格，进而提高物价的整体水平。因此，其他劳动者收入的购买力就会下降。他们会要求涨工资以弥补物价上涨带来的损失，但这会进一步推高物价。这一过程循环往复，就形成了经济学家所称的工资通胀恶性循环。如果放任这一事态继续发展，故事可能会以悲剧收场。

1959 年颁布的《储备银行法》（*Reserve Bank Act*）规定，澳大利亚央行有三大职责：稳定澳元币值，保持充分就业以及维护经济繁荣和国人福祉。央行通过调整基准利率来完成上述职能，其他各种借贷利率都是根据基准利率加以制定的。

1983 年，澳大利亚实现了汇率浮动，所以央行的第一项职责也被修改了。近期，其主要职责变成了把通胀控制在每年 **2%~3%** 的水平。如果央行成功实现了这一目标（从 20 世纪 90 年代开始，央行大体实现了上述目标），那么物价就会保持稳定，工资也就不会缩水了。不过在现实中，这意味着央行的目标利率水平会高于能让所有人就业的利率水平，意味着有效的充分就业并不等于零失业。

为了应对劳动力供给不足而造成的物价上涨压力，政府应该想方设法扩展潜在劳动力。政府有 **4** 个选择：（1）提高生育率（彼得·科斯特洛说过，一个孩子为母亲而生，一个为父亲而生，还有一个为国家而生）；（2）让更多的家庭主妇和退休老人参加工作；（3）提高现有劳动力的工作技能；（4）引进劳动力。第一个办法可能要过 23 年，等到新生儿长大，走上工作岗位时才能奏效。第四个选项虽然能够立竿见影，但新移民同样会增加对于商品和

83 100

西部澳大利亚采矿业目前的从业者人数为 83 100。

38 800

新南威尔士采矿业从业者人数达 38 800，其中大部分在国有煤矿工作。

资料来源：

abs.gov.au; Natural Resources Sector Employment Taskforce; rba.gov.au.

服务的需求，进而增加劳动力需求。所以，政府的最佳选择应该是提高现有劳动力的技能，并扫除家庭主妇和退休老人参加工作的障碍。

　　有关上述政策的有价值讨论很容易淹没在各种媒体的政治争辩之中。但无论如何，保持经济繁荣应该是政府的第一要务。

采矿业对澳大利亚经济的贡献到底有多大

近来有不少人认为，澳大利亚经济已经把所有赌注押在了大型矿业公司的利润边际上。曾经骑在羊背上前行的澳洲经济现在是开着巨型采矿卡车一路向前。

由于国际大宗商品价格突然飞涨，矿业公司利润暴增。联邦政府代表纳税人，要求从矿业公司手中多分一些意外之财。

采矿业对我们经济的贡献到底有多大呢？如果少了这个行业，我们是不是就完蛋了呢？不太可能。虽然矿产出口占澳大利亚出口贸易的很大一部分，但和国内制造业和服务业相比，采矿业的规模并不算大。

采矿业的产出只占澳大利亚经济总产出的 8.7%，仅仅和制造业 8.5% 的占比相当。要知道，澳洲制造业已经萎缩了几十年。

澳大利亚经济剩余的绝大部分被服务业占据，其中包括医疗、教育、公共管理和金融服务。澳洲 3/4 的劳动力通过为他人（其中大部分为本国民众）提供服务谋生。采矿业的就业人数为 213 200，只占澳大利亚劳动力总数的 2%，和

2%

采矿业就业人数只占澳大利亚劳动力总数的 2%。

213 200 个

采矿业为澳大利亚提供了 213 200 个就业岗位。

215 900 个

艺术和娱乐业为澳大利亚提供了 215900 个就业岗位。

130 万个

医疗和社会救助行业为澳大利亚提供了 130 万个就业岗位，是该国就业人数最多的行业。

59%

矿产出口（包括铁矿石、煤炭、矿物燃料和非货币黄金）占澳大利亚总出口的 59%。

11%

农产品出口（包括肉类、谷物和羊毛等）占澳大利亚总出口的 11%。

艺术或"娱乐"行业（包括职业体育和各种娱乐设施就业人员）的就业人数相当。

医疗和社会救助行业的就业人数6~7倍于采矿业就业人数，前者是澳大利亚就业人数最多的行业。随着人口老龄化的不断加剧，医疗服务的需求也将随之上升。此外，人们在收入增加后也希望自己能过上健康的生活。因此医疗行业的规模还会进一步扩大。

零售业是澳大利亚就业人数第二大产业，提供了120万个就业岗位。所以，当大卫·琼斯（David Jones）等百货巨头发出警告，认为行业不景气时，很多人的饭碗可能会不保。

当然，除了提供就业岗位和增加从业人员收入以外，采矿业的发展会产生溢出效应。国际大宗商品价格的暴涨所带来的巨额利润让该行业员工收入大幅增加，这会促进零售业和服务业的销售。

但这种影响是间接的。政府希望通过对铁矿和煤炭销售所得利润多征税来分享更多采矿超额利润。矿业公司威胁减少投资和就业岗位，以此整垮澳洲经济。但其经济规模毕竟只占澳大利亚经济的9%，就业人口只占澳大利亚劳动力总数的2%。

矿工竭力反对联邦政府提出的碳排放配额交易计划，因为这会对煤炭业形成冲击。但碳排放交易引发的矿工失业不会成为大问题，毕竟该行业的就业人数并不多。

在过去几十年里，澳大利亚经济的最大变化趋势或许是

16%
服务出口澳大利亚总出口的16%。

9%
采矿业产出占澳大利亚经济产出的9%。

12%
金融保险业产出占澳大利亚经济产出的12%。

资料来源：

Australian Bureau of Statistics: International Trade in Goods and Services, May 2011, Australian National Accounts, March quarter 2011, Labour Force Australia (detailed), March quarter 2011.

从基础制造业向服务业升级的转型。这一经济发展趋势或许也是人们理解最少的。虽然澳大利亚地底下埋藏的矿产让澳洲人过上了好日子，但大多数澳洲人还是通过运用智慧和想象力为他人提供服务来谋生。

澳元现在已经成为了硬通货

1966 年

1966 年，澳镑被澳元替代，因为澳大利亚货币计数规则变更为十进制。澳元钉住英镑。

1971 年

1971 年，澳元首次钉住美元。

1974 年

1974 年，澳元钉住以澳大利亚主要贸易伙伴货币为构成要素的货币指数。

1976 年

1976 年，为了刺激出口，弗雷泽政府让澳元贬值17.6%。

1.001 美元

1982 年 7 月 28 日，澳元兑美元汇率以 1∶1.001 收盘，此后便再也没有爬上过 1∶1。

1983 年

1983 年，霍克政府实施浮动汇率制，自此澳元汇率由国际市场供需，而非政府决定。

在短短十年间，澳元从太平洋比索变成硬通货。澳元的币值已经和美元相当，达到了 1983 年澳大利亚施行浮动汇率以来的最高值。不过，这并非澳元币值第一次达到这么高的水平。实际上，在整个固定汇率时代，澳元一直钉住美元。20 世纪 70 年代初，1 澳元可以兑换 1.5 美元。但这一次，澳元凭借自己的实力登上了巅峰。1983 年之前，澳大利亚储备银行和财政部每天早上要开会商讨澳元当天的目标汇率。每天交易结束前，储备银行会根据先前制定的目标汇率买入或卖出澳元以稳定汇率。今天的澳元已经和美元等值，那是因为澳元值这么多钱。澳洲经济十分强劲，国际货币投资者希望能够分享澳洲的美丽阳光。

对澳元来说，这十年的变化可谓是翻天覆地。当年的澳元被笑称为"太平洋比索"，人们将其和与美元相比疲软的墨西哥比索相提并论。2001 年 4 月，澳元兑美元的汇率跌到了谷底，达到了 1∶0.48。当时，美国的网络公司正蓬勃发展，澳大利亚经济看起来就像一台又破又旧的老爷车。后来，中国经济的飞速发展让大宗商品价格迅速攀升，澳大利亚利率水平也随之提高，投资者的风险偏好也增大。澳元兑美元汇率前一次超过 1∶1 是在 1982 年 7 月 28 日，那天的汇率是 1 : 1.001。自此以后，澳元兑美元的汇率就再也没有爬上过 1 : 1。

97.75 美分

1983 年 12 月，浮动汇率实施后，澳元兑美元的汇率以 1:0.9175 报收。

1984 年

1984 年，第 一 枚 澳 元硬币发行，两元硬币于 1988 年发行。

1992 年

1992 年，高分子聚合物澳元纸币发行，面额为 5 澳元，其他面额的同类纸币也逐步发行。

资料来源：

CommSec; rba.gov.au/ museum; Reuters.

　　这是一本有关澳大利亚经济生活的专栏文集。作者是《悉尼先驱晨报》的一位资深经济记者。如果你刚刚接触经济学，被各种复杂的公式和曲线搞得晕头转向，那么可以看看这本书。笔者将用日常生活中的各种事例，向你生动解释供需平衡、货币政策、财政政策，乃至行为金融等诸多高大上的经济学理论。详细内容请看目录和引言。

　　当然，本书也为读者提供了一个了解澳洲人日常生活的绝好机会。在中国人的印象里，澳大利亚可以用袋鼠、考拉、大堡礁、铁矿石等关键词来概括，很多人都以为澳洲人在世外桃源中过着无忧无虑的生活。阅读本书后你会发现，澳大利亚年轻人也在为买房而发愁，会看到那里也有因为经济结构转型而被迫下岗的工人，会知道澳洲人结婚的开销是多少，平均每人每年喝掉多少瓶啤酒，以及香蕉对他们的生活有多重要。总之，如果你想了解澳洲生活的方方面面，本书能为你提供一条省时省力的捷径。

　　最后，我要感谢陈晋、王军、王佩幸、阳跃华、陈仲明等给予译者的大力支持。

王佳艺

北京阅想时代文化发展有限责任公司为中国人民大学出版社有限公司下属的商业新知事业部,致力于经管类优秀出版物(外版书为主)的策划及出版,主要涉及经济管理、金融、投资理财、心理学、成功励志、生活等出版领域,下设"阅想·商业"、"阅想·财富"、"阅想·新知"、"阅想·心理"、"阅想·生活"以及"阅想·人文"等多条产品线。致力于为国内商业人士提供涵盖先进、前沿的管理理念和思想的专业类图书和趋势类图书,同时也为满足商业人士的内心诉求,打造一系列提倡心理和生活健康的心理学图书和生活管理类图书。

阅想·财富

《我的人生样样稀松照样赢:呆伯特的逆袭人生》

- 互联网上最有趣、最具影响力的人物,20世纪最杰出的商业思想家和观察家,影响世界的《呆伯特》漫画作者、《纽约时报》畅销书作者。

- 以其独特的诙谐手法讲述了一个男人一路跌跌撞撞从无数尴尬的失败迈向成功的逆袭。

《索罗斯传》(白金珍藏版)

- 他似乎拥有控制市场的超级能力!某种商品或货币的市场价格会随着他的言论上升或下跌!

- 他的一生毁誉参半。他到底是"市场驱动者",是"金融界的超级明星",还是"投机客"?他到底是投资界的"魔鬼",还是悲天悯人的"慈善家"?为什么他又自诩为"金融哲学家"、"无国界的政治家"?

- 罗伯特·斯莱特将引领我们进入这位大师的思想深处,让我们看到一个真实的索罗斯。

阅想·商业

《碎片化时代:重新定义互联网+商业新常态》

- 《碎片化时代》就是关于技术革命的企业生存指南。

- 本书作者史蒂夫·萨马蒂诺被公认为是科技和商业领域思想领袖,他能帮助企业摆脱工业时代的思维,获得互联网时代所需要的观念和流程。

- 智囊传媒总裁傅强倾情作序,经济学者何帆、心理管理学家、互联网商业研究专家陈禹安联袂推荐。

《鲜活的故事：一本书学会可视化演讲设计》（"商业与可视化"系列）

- 这是一本教你如何将复杂的事务简化为简单易懂的故事，并以可视化的方式呈现的书。
- 微软及多家世界知名企业都在推行的内部演讲培训方法。
- 以通俗易懂的语言、用可视化场景讲述能引起听众强烈共鸣的故事，将你心中想法的价值传递给他人。

《颠覆性医疗革命：未来科技与医疗的无缝对接》

- 一位医学未来主义者对未来医疗 22 大发展趋势的深刻剖析，深度探讨创新技术风暴下传统医疗体系的瓦解与重建。
- 硅谷奇点大学"指数级增长医学"教授吕西安·恩格乐作序力荐。
- 医生、护士以及医疗方向 MBA 必读。

阅 阅想·人文

《优雅的辩论：关于 15 个社会热点问题的激辩》

- 辩论的真谛不在于明辨是非区直，而在于缓和言论，避免曲解。
- 辩论的最高境界不在于输赢高低，而在于发人深思，以开放的心态达成妥协。

图书在版编目（CIP）数据

为什么天堂不需要经济学家/（澳）欧文（Irvine, J.）著；王佳艺译.—北京：中国人民大学出版社，2016.4

书名原文：Zombies, Bananas and Why There Are No Economists in Heaven: The Economics of Real Life

ISBN 978-7-300-22428-2

Ⅰ.①为…　Ⅱ.①欧…　②王…　Ⅲ.①经济学–通俗读物　Ⅳ.①F0-49

中国版本图书馆 CIP 数据核字（2016）第021552号

为什么天堂不需要经济学家

[澳] 杰西卡·欧文　著

王佳艺　译

Weishenme Tiantang Buxuyao Jingji Xuejia

出版发行	中国人民大学出版社	
社　址	北京中关村大街31号	**邮政编码**　100080
电　话	010-62511242（总编室）	010-62511770（质管部）
	010-82501766（邮购部）	010-62514148（门市部）
	010-62515195（发行公司）	010-62515275（盗版举报）
网　址	http:// www. crup. com. cn	
	http:// www. ttrnet. com（人大教研网）	
经　销	新华书店	
印　刷	北京中印联印务有限公司	
规　格	170 mm×230 mm　16开本	**版　次**　2016年4月第1版
印　张	11.5 插页1	**印　次**　2016年4月第1次印刷
字　数	126 000	**定　价**　39.00元